JN225683

エイジングの経済社会学

寺岡　寛
Teraoka Hiroshi

もうひとつの成熟社会論

はしがき

わたしたちは、いつのころから歳を重ねること―エイジング―を意識するようになるのか。多くの人は、定年や子育てなど人生の一区切りの時期に意識が変わる。それまで夢中で前だけを向いてきたことからの意識変化である。そのころから、そろそろ後ろも振り返る。わたしの場合は、いつのころだったろうか。同級生や周囲の親しい人たちが引退したころだったか。それとも、親の介護などでわが身の歳を振り返るころだったか。人それぞれに、歳への感じ方があることだろう。

子供のころには、早く大人になりたい、そう願った人も多かったはずだ。おもしろいものだ。大人になると子供に戻りたい、そのように思う人もいる。歳はとりたくない、そう願う人もいる。

時間の流れとは、なんと不思議な感覚だろうか。ある時期まで、その流れは遅い。より正確には遅く感じる。ある時期から早く感じる。正確には、加速化を感じる。多くの人たちにとり、歳＝時間の経過は中立的な意味をもつが、その感じ方は多種多様であるにちがいない。

いまほど、長寿が一般的でない時代でも、時間は哲学者や歴史学者の重要なテーマであった。中国の思想家たちもそうだ。中国の春秋時代の思想家の孔子（紀元前五五二～四七九）の言葉をまとめた「論語」には、「四十而不惑（四十にして迷わず）」とある。二十歳の青年も、歳を二〇回重ねれば、不惑の歳となる。

本書では、加齢＝「エイジング」のもつ経済社会的側面をとり上げる。

エイジングという言葉＝表現については後述する。この種の著作に取り掛かった理由には、いくつかある。一つには、「論語」にいう、「七十従心所欲、不踰矩」（七十にして心の欲する所に従い、矩を踰えず）」の歳に、わたし自身が近づいたこと、要するに、わたし自身がエイジングについて書ける歳まわりになった。必然、高齢化社会への個人的関心は高まった。

その他に、もう一つ理由があった。ここ十数年来、地方都市への観察調査を重ねてきた。地方のなかには、高齢者＝六五歳以上の人口比率がすでに高い地域も出てきている。しかしながら、高齢化社会＝危機到来の掛け声の割には、地域レベルでの対応にかなり差がある。そのことに気づいた。そのちがいを、無機質に高齢者人口比だけに求めてよいのか。

地域で高齢者人口の比重に違いがあるのには、地域なりの背景がある。高齢者人口の比率だけの単純な話ではない。このままでは、高齢化への地域ごとの具体的かつ実行可能な対応策などはでてこないだろう。わたしには、そのような直観と素朴な疑問があった。地域によって、歳＝時間の経過は必ずしも一律ではないのだ。

エイジングなど社会変化の根底には、人びとの生き方や地域ごとのちがいがある。必然、高齢化社会への意識や感じ方にもちがいがある。それこそが地域レベルの対応の差を生み出すのではないか。それぞれの地域で高齢化社会のイメージが異なって当然なのだ。ともすれば、高齢化社会を語るとき、医療費など社会福祉支出の増大の経費問題ばかりに、引き寄せられすぎる。高齢化社会の諸問題を、もっぱら財政問題の一環としてとらえがちだ。わたしもそのようにとらえ、考えてきた一人であったが、それでは、見落とされる多くの問題と課題があるに違いない。

エイジングに関わる重要な諸課題が見落とされているとすれば、それは、老いも若きも、エイジングの及ぼす現実とその影響を、きちんと受け止めていないからかもしれない。では、エイジングを受け止めるとは、一体全体どういうことであるのか。それはエイジングをより積極的に受容し、その上で社会、経済、政治を構築していくことにほかならない。

わたしたちは、高齢化社会の下でどのような成熟社会を望むのか。あるべき高齢化社会を経済的、社会的、政治的にどのように実現し維持するのか。それには、現実的には、当然ながら財政問題が大きく絡む。過度に国債発行に依存した政府の現在の財政運営が無制限に続けられるはずもない。高齢化する日本において、起こり得る財政破綻に耐える仕組みを作ることも、また現実的な課題である。財政破綻を避け、予想しうる生活水準の低下を避けつつ、豊かな高齢化社会をどのように創りあげていけるのか。検討すべき課題はあまりにも多い。

高齢化社会をさまざまな視点からとらえる「エイジング学」があるとすれば、それはどのようなものであるべきなのか。「エイジング学」とは、少子高齢化などの人口現象だけを取り上げるのではなく、すくなくとも、望ましいエイジングと親和性の高い成熟社会のあるべき姿を模索する学問でなければならない。それゆえ、エイジングの経済社会学は、エイジングがもたらす経済社会的側面などの問題の本質を掘り起こし、もうひとつの成熟社会のあり方を問いかけるものである。同時に、エイジングの経済社会学は、高齢化社会の問題と課題を個別学問のたこつぼ型ではなく、横断的にとらえるものである。

本書でも、この点を念頭において、エイジング学のあり方を検討することを課題としたい。

なお、本書は中京大学経営学研究双書の一冊として発行される。出版の機会を与えていただいた関係者にお礼を申し上げたい。

二〇一九年一〇月

寺岡　寛

目次

目　次

序章　エイジング学とは

すでに宴が終わったいま、われわれはその後に来るべきものに備えなければならない。

（エルンスト・シューマッハー（伊藤拓一訳）『宴のあとの経済学』筑摩書房）

人間としての成熟をはかる最も重要な尺度は、傲慢さと暴力に打ち克つ正義をみにつけているか否かの一点にかかっている。

（瀬口昌久『老年と正義―西洋古代思想にみる老年の哲学―』名古屋大学出版会）

高齢化の事実は変えられないが、高齢社会のあり方は変えることができる。

（デザイン・クリエイティブセンター神戸『Life is Creative―リタイアのない人生のカタログ―』）

1

冒頭のシューマッハー――早くからエネルギー危機を予測したドイツ生まれの英国の経済学者――や西洋古典哲学研究者の瀬口の言葉は、多くのことを語りかけている。高齢化社会のデザイン思考に取り組むデザイン・クリエイティブセンター神戸のスローガンも、含蓄に富む。

二〇世紀は技術と戦争の世紀、あるいは革命と戦争の世紀であったといわれる。技術の著しい発達が戦争の悲惨さをもたらし、あるいは、革命が多くの戦争を生み出した。二一世紀を、未来の歴史家たちは「何の世紀」と名づけるのだろうか。その一つに、高齢化が入るのは間違いないだろう。高齢化のつぎにくる鍵概念はなんであるのか。それは、高齢化が生み出す社会変動に関わる事象に違いない。

人が歳をとるのは宿命である。「歳をとる」という表現にはプラスもあれば、マイナスのイメージもある。だが、どうもマイナスのイメージが先行しているようだ。他方、「歳を重ねる」には、賢人になる、というような、どこかプラスのイメージもある。

どちらの表現も同じ事象を意味するのだが、それぞれの表現には、わたしたちの日常的価値観が反映される。こうした価値観から自由で、中立な表現が必要な場合に、英語のカタカナ表記にはそれなりの効用がある。むろん、これには賛否両論もあるだろう。

カタカナ表現は日本人の知恵なのかもしれない。カタカナ英単語という表現は、事象をまずは中立的に考えるのに便利なやり方である。通常、「高齢化」や「加齢」と訳される、「エイジング」という表現もその一つである。それゆえ、ここでは「エイジング」を使っておこう。

「エイジング」（aging）とは、文字どおり齢（よわい）を重ねる」ことである。ただし、誕生から成熟に至るまでの前半生の変化をエイジングとよぶことはない。エイジングという語は、成熟期を過ぎて死までの変化を指す。

社会学者の古谷野亘は、「高齢期をみる目」で、この言葉のもつ中立性を重視する。古谷野は、「老化」を表す、“senescence”に衰退の意味が含まれるのに対して、「エイジングは歳をとることのみを意味する価値中立的な語である」と指摘する（古谷野亘・安藤孝敏編『改定・新社会老年学—シニアライフのゆくえ—』所収）。

このエイジングに関わる学問を「エイジング学」と名づけておこう。実際には、「ジェロントロジー（gerontology）」という学術用語がある。ジェロントロジーという言葉は、ギリシア語源の「高齢者」から派生している。この言葉が冠された米国老年学会（Gerontological Society of America）が設立されたのは、第二次大戦終戦の前年というから、老年学を必要とした米国社会的文脈があったことになる。日本では、ジェロントロジー—「老年学」—がそのまま使われてきた。

学問は対象に規定される。この意味と範囲では、老年学は老年という現象を対象とする。老年に関する学問は、医学、看護学、社会学、心理学、経済学、経営学などの分野に横断的でなければならないが、各学問は個別に存在している。

たとえば、学問体系論的には、医学や看護学は加齢に関わる生理学的な分野である。医学や看護学の場合、老年だけを対象とすると、医学的に抜け落ちる領域が広範に及ぶ可能性が高い。一方、高齢者の生活や地域における生き方への問いなくして、予防的な取り組みは困難であろう。加齢による社会生活や社会への影響を重視すれば、社会学的な知識が必要となる。同様に、高齢者の経済状況や働き方に着目すれば、老齢経済学や老齢経営学も成立する。個別の学問では抜け落ちる領域がある。必然、加齢学や老年学としての「エイジング学」は、人の加齢に関わる総合的学問にならざるを得ない。

この種の総合的学問には、国民性も反映される。この意味では、老年文化人類学も成立しうる。古谷野は「現代の日本の高齢者観が否定的であることは、多くの研究者によって繰り返し指摘されている」としたうえで、大学生世代についても、日本の学生は英米やスウェーデンと比べて「否定的な高齢者観」をもっているようだ。

背景に、ステレオタイプ化―過度な単純化―された高齢者イメージがあるにちがいない。この点について、古谷野は「老化知識尺度」を用いた国際比較研究の結果を紹介し、「日本人が、アメリカ人やオーストラリア人よりも、老いについて誤って否定的に考えていることが明らかにされている。多くの日本人は、歳をとればだれもが寝たきりや認知症になったり、無能力になったりすると誤解しており、その誤解の上に立って、老いを否定的にみている」と指摘する。

高齢者観に限らず、「日本文化」はステレオタイプ化されやすい。しかし、同じ日本といえども、民俗学者の宮本常一（一九〇七～八一）の膨大な調査記録が示唆するように、地域によって文化の多様性がある。また、米国でも、すべてのアメリカ人が老いを肯定的にとらえているのではあるまい。重視すべきは、社会構造、経済構造や政治構造の何がそのような見方を生んでいるかである。

エイジング学はこの種の構造分析への手がかりとなるツールを提供できるものでなければならない。たとえば、「社会構造」の文脈では、加齢に伴う社会的地位の変化があげられる。

年功序列体系をとる組織運営では、歳を重ねるごとに職位が上昇する。一般社員→係長→課長→部長→役員などは、典型的な年齢サイクル型の昇進制度である。不老ではないわたしたちは、いつまでも現職にとどまれるわけではない。退職によって、この年齢サイクルは終焉する。周囲の人が年齢の高い社員を尊敬するのは、その人柄ではなく、あくまでもその「席」＝役職に対してである。退職し、その役職から降りれば、周囲の人との関係も変わる。このように、組織とエイジングとの関係性をとらえる上での一つの手がかりが、社会的地位＝職業サイクル論からのアプローチである。

職業サイクルとは、入職から定年＝引退にいたるまでのサイクルである。人が職業生活において引退を決める場合、「外部的」な一律年齢基準―暦年齢―によって「退職」する―正確には退職させられる―場合と、個々人の「内部的」な基準―たとえば、健康や家族との関係、その人自身の人生プランなど―によって自ら「退職」する場合がある。

オーナー色の強い中小企業では、大企業ではとっくに引退したような人が、いつまでも社長職に拘るケースも一定数ある。大企業でも、代表権をもつトップの役職に拘る高齢者もいる。同じことは経済団体でも見受けられる。周囲の人たちが高齢トップ層の引退を望んでも、当の本人が地位に拘り続ける。結果、大きな経営危機となるケースもある。

被雇用者ではなく自営業主やオーナー経営者であれば、引退時期を決めるのは本人である。事実、伝統的家内工業や工芸の分野では、八〇歳を超えて、なお、若い職人の追従を許さないような高い技能を保持している人たちもいる。町工場や町の小さな商店でも、六〇歳代以上の元気な経営者が活躍している。こうしてみると、農林水産業、手工業や自営業では、引退を自らが決定する余地がある。

個別の幸福論からすれば、自分で引退時期を決めることと、他者によって決められることの幸不幸の判断は、人によって異なるだろう。しかし、実際のところ、気力や体力とも充実している人たちは、一定の暦年齢を超えても、働きたいと願っている。

むろん、働くことだけが幸せではない。だが、働くことに幸せを感じられない場合、働き方や働く場のあり方が問われる。この点を深く考えさせられるケースに、米国東部ボストンの中小企業がある。米国のマスメディアでも話題となったこの小さな企業は、一九三二年に創業された、針メーカーのヴァイタニードル社である。その最高齢の従業員は九九歳であった。

同社については、好意的な報道だけではなく、否定的な報道もあった。年金支給の高齢従業員を安く雇用するケースとして紹介されたからだ。一方で、高齢者に生き甲斐を与えるケースとして高く評価された。何事も見方により、毀誉褒貶の評価が付きまとうものだ。

マスメディアとは別に、研究対象としてヴァイタニードル社を取り上げる研究者も出てきた。文化人類学者のケイトリン・リンチである。ひょんなきっかけで工場を覗いたことから、リンチは高齢社員と一緒に作業しながら、いわゆる参与観察調査に取り組むことになった。

同社で五年間働きながら、高齢者の働く姿を追ったケイトリン・リンチは、『現場の退職―ある米国工場での年齢、仕事、価値観―』（平野誠一訳『高齢者が働くということ―従業員の二人に一人が七四歳以上の成長企業が教える可能性―』）で、マスメディアの報道にみられたさまざまな見方を紹介したうえで、「働くことには、支払われる給料よりももっとたくさんの意味がある。……アメリカ社会では、自分の価値を自覚するためには、収入のある仕事に就いていることが欠かせない。働いていない大人は、文化的・経済的な規範に対抗する価値観を持つのに苦労する」と、米国社会での勤労観を示す。

超高齢者が生き生きと働くヴァイタニードル社が存在する米国でも、[*] エイジズム（高齢者差別）は生まれやすい。エイジング（高齢化）は人のもつ能力を萎えさせると捉えられてきたからだ。高齢者＝能力が衰えた人たちとみる偏見＝差別意識が存在する。そのために、あえて「アクティブ・エイジング」という物言いもある。

＊詳細についてはつぎの拙著を参照。寺岡寛『小さな企業の大きな物語―もうひとつのエコシステム論―』信山社（二〇一九年）。

「エイジズム」の根底には、人は一定の年齢になれば、一線を退いて余生をレジャーや趣味で過ごすのが当然、あるいは、望ましいという見方がある。このようなステレオタイプ化された見方に対して、ヴァイタニードル社の八〇歳代や九〇歳代の従業員は、「レジャーより仕事の方が楽しい」とインタビューに答えている。この声はエイジングが画一的なものではなく、歳のとり方は人それぞれだとするアクティブ・エイジングの一つのあり方を示唆する。

高齢者と一緒に仕事をすることを通じて、リンチは「小さな工場が教える大きな教訓」を得たという。リンチはこの点について、「ヴァイタニードルでの営みは、働くことを通じて見つけた生きがいをめぐる綿密に構成された物語ではない。意味は価値を理解する物語や、よい日々を送るにはどうすればよいのかという物語が、いくつも集まってできたものである」としたうえで、エイジングと働き方との関係をつぎのようにみる。

「今日では多くの学者が、引退について理解しようと研究している。引退にはどんな意味があるのか、人生の三分の一にも及びうるその後の時間をどう過ごせばよいのかといった問題に取り組んでいる。……心理学者は以前から、引退後の人生は辛いものだと考えてきた。『役割なき役割』を与えられる時期だからというのが、その理由だ。……今日では学界でも政府でも、引退後の生活を再定義したり、引退した人々が求めるものを特定したりする試みがさかんに行われている。……私は、ヴァイタニードルのようなところで働くことができない多くの高齢者たちの現実を無視しようとは思っていない。（中略）……アメリカの製造業者は、コスト削減の圧力に耐えかねて国外に生産拠点を移していったが、ヴァイタニードルのオーナー一族はこの圧力に対し、高齢者を雇用する『エルダーソーシング』という解決策を講じているように見える。……エルダーソーシングの労働者たちは、自分の時間を自由かつ柔軟に使いたいという、高齢者として追求しているライフスタイルを働きながら維持することができる。

ヴァイタニードルがエルダーソーシングで成功しているのは、ヴァイタから支払われる給料は『補足的』なものだという考え方のおかげである。それと同時に、同社はこの仕事の『補足的』という性質を多数の従業員が評価する長所にしている。つまり、従業員のスケジュールや価値観に合致する労働環境をつくり出している。」

「エルダーソーシング」―「高齢者活用」と訳しておこう―は、米国東部のこの小さな企業だけに限られるものではない。日本でも労働集約的な製品などの分野、あるいは地場産業では、孫への小遣い稼ぎや健康維持から高齢女性が就労するケースもみられる。たとえば、わたしが調査する機会があった大阪南部のチューブマット業界(*)はその典型事例であった。ただし、これは安価な労働力＝高齢者の利用という個別企業や産業界の思惑もあっただろう。

＊チューブマット――綿などの古繊維を芯としてチューブ状のロープに加工し、それらを渦巻き状にミシンで縫製加工してラグとして米国市場、とりわけ、低所得家庭などへ輸出していた。堺市が輸出チューブマットの産地であった。

個別企業や産業界の思惑とは、自国製造業の空洞化論議からいえば、いかに競争力、とりわけ価格競争力を維持するかである。そのために、年金受給者である高齢者を雇用するエルダーソーシングに、肯定的な見方もある。働く場を得た高齢者と低賃金を利用できる企業は、ウィン・ウィンの関係というわけである。一方で、若年層などの労働賃金との関係では、高齢者雇用は若者の賃金水準を引き下げる懸念があるなど、否定的な見方もある。エルダーソーシングに関して、「生き甲斐＝社会の論理」と「競争力＝経済の論理」の間で、どのような均衡が望ましいのだろうか。

リンチもこの点を見逃してはいない。「エルダーソーシングは、倫理の面で重要な問題を提起している。たとえ私がヴァイタニードルに肯定的かつ複雑な関係性が数多く存在することを認識していたとしても、一般的には、エルダーソーシングに否定的な側面の可能性があることを、せめて指摘だけでもしておかなければ、手抜きをしていることになってしまうだろう。低賃金、柔軟性、そしてお互いに有益な搾取―これを組み合わせれば、ヴァイタニードル社の従業員にとって『ウィン・ウィン』になるかもしれない」とリンチが述べるのはそのためだ。

エルダーソーシング―高齢者活用―の内実からいえば、日本でも、とりわけ都市雑業分野では、家庭内職という再下請発注のような仕事が、かつて広範に存在した(*)。わたしの若いころの調査経験でも―一九八〇年代前半においても―、労働集約的な地場産業製品について、大阪市内の住工混在地区の内職先を訪ねると、小さな子供を抱える主婦世代だけではなく、その祖母もまた内職仕事に精を出す姿がしばしばみられたものだ。こうした高齢者への発注、あるいは再発注は、エルダーソーシングといいかえてもよい。

＊中小企業、とりわけ、小規模企業の存立基盤とその変化については、つぎの拙著を参照のこと。寺岡寛『日本型中小企業―試練と再定義の時代―』信山社（一九九八年）、同『中小企業の社会学―もうひとつの日本社会論―』信山社（二〇〇二

年）、同『中小企業の経営社会学―もうひとつの中小企業論―』信山社（二〇一八年）。

だが、発注者側―多くは製造卸業者―と受け手側の家庭内職従事者が、果たして「低賃金、柔軟性、そしてお互いに有益な搾取―これを組み合わせれば、……『ウィン・ウィン』になるかもしれない」関係であったのかどうか。わたしの観察では、当時の雇用者の平均賃金と比較して、高齢者に支払われる賃金―加工単価―はきわめて低水準のものであった。

とはいえ、内職が、子育て中で外へ働きに出ることが困難な主婦層や、年齢的に就業機会を探すことが困難であった高齢者にとって、より良きとまではいえないまでも、柔軟な就業機会になっていたことは事実であった。

2　「高齢者」という場合、その基準をどこに置くかは政策的な意味合いをもつ。医療にしても、年金支給にしても、個々人がバラバラに判断し、「高齢者」申告すれば、行政事務に関わる費用は大きくなる。必然、行政事務的には、「高齢者」や「後期高齢者」として一定年齢以上の層を一律定義して、効率的な事務処理を行う方が費用的合理性をもつ。「高齢者」とは政策的な年齢概念でもあるのだ。

ただし、「高齢者」の基準は固定化されたものではありえない。高齢化社会では社会保障費や医療費の増大から、高齢者の再定義が必要とされる。高齢者医療費の「高騰」という物言いは、一方で高齢者の定義＝暦年齢の見直しによって高齢者医療費の抑制を促し、他方で予防医学や健康ブームに拍車をかけている。テレビ番組や雑誌・新聞にこの種のテーマが登場しない日はまずない。

ジャーナリストの林信吾と葛岡智恭は、『大日本「健康」帝国―あなたの身体は誰のものか―』で、「昨今の健康ブームがどうも胡散臭いのは、健康という当たり前の価値観に対して、数値的な目標を設け、健康でない人間はすなわち欠陥があるようなイメージ作りが行われている、と受けざるを得ないからである」と指摘する。高齢化に伴う医療費増加に対して、「健康は国民の義務である」というスローガンの下に、スポーツ奨励、禁酒・禁煙運動、食品添加物の制限などの政策が登場してきたと、林たちはみる。それは新たな市場の拡大分野に興味をもつ企業の関心事でもあろう。

林たちは、二〇〇八年の「老人保健法」の改正＝「高齢者の医療に関する法律」についても、「法律の主眼そのものが『適切な医療』から『医療費の適正化』に移されている」と指摘する。この背景にあるのは、言うまでもなく、財政破綻への危機意識である。この時期から、四〇歳以上の「メタボ検診」など、いわば「転ばぬ先の杖」の医療政策が導入されたのは偶然ではない。

メタボ診断などは、健康について一定基準を設けて、医療費の抑制のために、予防的に病気防止と健康保持を促進するのが狙いである。「健康」と「不健康」の境目は、そもそもそんなにはっきりとはしない。とはいえ、「健康」である人の健康維持、「不健康」な人の健康復帰という意識改革を国民に促し、巨額化する医療費の抑制を図る、この政策意図の下で、国民の健康意識は確実に高まってきた。

健康意識の高まりの背景には、高齢化に伴う健康不安や医療費などの経済的負担に対する不安がある。これを反映してか、健康のためと謳ったサプリメント、健康食品、健康器具がテレビコマーシャルに登場しない日はない。健康だけではなく、「若さ」―アンチエージング―を強調するような化粧品や健康補助食品なども、いまでは定番のコマーシャルである。料理番組でも、健康に良いかどうかが視聴者の関心を引き付けるテーマとなっている。人は歳を重ねても、若く健康でなければならなくなった。この意味では、別のストレスも高まった。いわばアンチエージング・ストレスである。

健康関連分野の事業規模の拡大は顕著である。食品分野では、いわゆるメタボ抑制関連の健康食品―たとえば、低カロリー、カロリーゼロ、低糖質などの新商品―が毎年登場する。林たちは皮肉を込めて、「清涼飲料にしても、従来の、糖質を含んだ成分を除いて、『味はそのまま』であるとすると、別の添加物によって味覚をつくり出したとしか考えようがないではないか。……食品添加物が人体に与える影響については、未知な部分が多く、市場に出回って何年か経ってから問題が発覚したような例は過去にも多い。……これまで普通だった『生活習慣』が、健康の美名のもとに否定され、その結果として、かえって不健康な人を増やしかねないのが現実なのである」と指摘する。

健康だけを強調しすぎて、不健康になるパラドクスがそこにある。身体の「健康」を意識しすぎて、心が「不健康」になるパラドクスでもある。(*)いずれにせよ、現在では納税とともに、医療費抑制のための健康保持が国民の義務となってきたといってよい。

＊フィンランド・パラドクス――健康維持への過剰意識とストレスとの関係である。かつてフィンランドで企業管理職を対象に定期健診など厳格な健康管理プログラムを実施したグループと、健康調査のみを実施したグループのその後の健康状況をチェックしたところ、健康調査のみのグループのほうが総じて健康であった。このことから、かえって厳密な健康管理プログラムが人を不健康にするパラドクスが見られると、この俗称が広まった。

だが、過去の事例からしても、関連業界を取り巻く利害関係や医療などの研究の進展度合いによって、健康か否かの判断は、つねに変化する。健康に良いとされた食品が、新たな研究成果の登場によって、有害とされる例には事欠かない。

3　エイジング学は、健康不安を煽ることで成立するビジネスの真偽だけではなく、真に必要な公共サービスの方向性を客観的に探ることにその重要性がある。そのためにはさまざまな学問体系からのアプローチがあるが、それらを総合した政策学として、エイジング学が確立されねばならない。

たとえば、人口動態を重視する経済学では、元来、エイジングはその重要な分析対象であった。エイジングの経済学的アプローチでは、高齢化による社会保障費の増大、それを支えるための財政運営などが当然ながら問題とされる。他方で、高齢化を支えるには日本経済の成長が必要であり、生産性だけではなく、高齢化社会のニーズに合致したイノベーションも重視される。また、高齢化とともに進展してきた少子化への経済対策はどうあるべきか、その処方箋も求められる。

視点を地域社会に移せば、農村社会型の家族制度─複数世代同居─が大きく変貌し、都市型社会となった現在では、単身世帯の割合が急速に高まった。結果、地域社会と高齢者との関わりが重要な課題となってきた。この問題に対しては、行政的な取り組みだけではなく、住民同士の自主的・自立的な取り組みも必要となる。では、どのような仕組みを作るべきか。エイジングを重視する社会学的アプローチの必要性も高まる。

他方で、人口急増時代に整備したインフラの問題もある。とりわけ、その維持コストを、人口急減時代の下でどのように捻出するのかは、現在、多くの地方自治体が頭を悩ます課題である。都市計画や住宅政策などで、居住制限による既存インフラ地区への人口集約も必要になるかもしれない。そうした場合、公共性の名の下での国や自治体の強制力の是非が問われる。今後、法律学的アプローチ、行政学などのアプローチも必要となる。この意味でも、エイジング学は総合学とならざるをえないのだ。

総合学としてのエイジング学は、技術開発とも関連性をもち、高齢化社会の技術開発の方向性にも大きな影響を与える。その方向は介護面だけでない。今後、高齢化する労働人口構成の下、高齢者の就業機会が増えれば、高齢者が一定割合を占める職場の労働環境をどう整備するのか。それは、個別企業の枠を超え、社会全体として取り組むべき課題となる。先にみたヴァイタニードル社のケースのように、高齢者になっても働くことは、健康維持や社会参加による生き甲斐を得るうえでもよい機会となる。それだけに、高齢者のための補完的な設備や機器の設置も重要となる。

また、なかには、現役時代のような毎朝の通勤が困難な人たちも一定数いるはずである。この場合、ＩＣＴ（Information and Communication Technology）の活用による在宅勤務も有効な働き方となりうる。いわゆるテレワーク(＊)である。テレワーク的な就業には、企業に属する雇用型と、いわゆるフリーランスや自営業として独立型がある。テレワークの利点は、互いにインターネットでつながることで、時間的制約や場所的制約から自由なところにある。

＊テレワーク――テレ（tele、離れた場所）とワーク（work、働くこと）の合成語で、特定の職場でなく離れた場所で柔軟に働くことや職種を指す。一九七〇年代半ば、第一次石油ショック―外国ではエネルギー危機―のときに、米国西海岸地域では、ガソリン価格の上昇でマイカー通勤が困難となり、他方で自動車通勤による大気汚染の緩和から、在宅や別の場所での「テレワーク」が注目された。後にパソコンやネット環境の整備から、テレワークがさらに普及していくことになる。この動きは日本や欧州諸国にも広がることとなった。

他方で、テレワークの普及により、その労働条件などの問題が浮上してくる。直接監督者のいない場では、裁量権があるものの、一定の仕事―契約―をこなすための労働時間は無制約となりやすい。テレワークには「雇用型」と「在宅型」―フリーランス型や自営業型も含む―がある。このうち、在宅型は従来の内職的低賃金構造の温床になりやすい点を見逃してはならない。

ネット環境の整備、モバイル機器の普及によって、テレワークはさまざまな業種に拡大した。雇用主あるいは契約主である企業としては、自前の事務スペースを持つ必要はなく、直接雇用の通勤費用なども削減できる、一方、労務管理の新たなやり方が必要となってきた。

テレワークは、高齢者雇用においても一定の役割を果たす可能性がある。高齢者雇用が今後のテレワークの発展方向に影響を与え、従来の雇用のあり方にも再考を迫る。

エイジングは単に高齢者を意識するだけではない。エイジング的発想は、今後、さまざまな事業分野においてユーザーテクノロジー的な市場開拓にもつながり、新たなイノベーションの生起になる可能性も大きい。もっとも、イノベーションは、単に技術だけではない。社会的な制度変革というソーシャル・イノベーションも必要となる。

4　日本社会は、人口層としての大きさゆえに社会、経済、政治に巨大な影響を与えてきた団塊世代が二〇二五年には七五歳以上になり、国民の五人の一人が後期高齢者となる。このような年齢人口構成の社会は、かつて経験されたことがない。

人口動態は比較的予測しやすいことから、将来人口推計によってさまざまなシナリオは示されてきた。たしかに、長期的な経済成長率などの予測よりは正確度を期待できる。しかしながら、人は合目的にも行動すれば、それとは異なるビジョンで異なる行動をとる。人の集合体である「人口」は、当初の予測とは異なる結果になることも多い。

重要なのは、政府や国連の関係機関が人口動態予測に基づいて示す将来ビジョンを見て、人びとはどのように判断し、どのような将来展望をもち、どのように行動するか、その結果、当初の予測とは異なる行動が促されるかどうか、である。現在のところ、多くの人口動態予測は、超高齢化社会の暗い展望を示している。そのような将来展望の下では、少子化対策は模索されているものの、人びとは積極的に家族―いまより多くの子供を持つ―を持とうとするだろうか。この意味では、人口予測と将来ビジョンとの関係がより重要な意味をもつ。

最後に、もう一度、エイジング学が総合学でなければならない理由をいくつか確認しておきたい。ショッキングな数字がある。平成二七［二〇一五］年に厚生労働省の調査チームが公表した認知症患者の推計データである。それによれば、高齢者人口の増加によって、認知症患者数が三倍増になった。認知症が加齢とともに発症の可能性が高まる疾患であることを考えると、個別家族ではなく社会全体で取り組まざる得ない課題になる。

今後、認知症を患う人の、高齢者に占める割合はどうなるのか。認知症患者の、高齢者＝六五歳以上―約三五〇〇万人―に対する人口比、あるいは、疾病率が高まる七五歳以上に対する人口比を考えると、高齢化社会とは認知症社会であることを再認識しておく必要があろう。

テレビ局でこの問題を取り上げ、退職後も認知症対策に取り組んできた徳田雄人は、『認知症フレンドリー社会』で、「医療やケアなどのサービスを受けながらも、生活上で起こってくる課題を、周りの人と相談しながら、工夫を重ねて、ひとつひとつ解決していかないといけないというのが、認知症の人をとりまくリアルな状況です」としたうえで、「社会全体を、認知症対応に〝アップデート〟する必要」があると指摘する。

総合学としてのエイジング学でも、この問題を正面から取り上げる必要がある。エイジング学の大きな使命は、高齢化社会へ対応できるOSのようなソフト開発―社会システム―と言い換えてもよい。その種のOSは、当然ながら、認知症住民にも優しい町づくりや公共交通システム、使いやすい製品やサービス、働きやすい職場環境の提案など、認知症患者の広範にわたる活動を支えるものである。こうした社会システムとしてのOSは、障害者や子育て中の若い年代層などにとっても、暮らしやすい社会の構築につながる。

現実には、ハンディキャップをもつ人たちとハンディキャップをもたない人たちとの間にはさまざまな壁が存在する。それには、「見える」壁と「見えない」壁がある。インフラなど「見える」壁は改造・改修などで対応が可能だが、「見えない」壁は教育や啓蒙の課題である。

徳田もこの点にふれ、「認知症だけに限りません。例えば、障害の分野でも同じようなことが言えます。……教育段階だけでわけておいて、大人になると社会へ出ましょう。障害がある人もない人もいっしょにというのは、社会全体の設計として正しいのか」としたうえで、つぎのように問題提起する。

「認知症をめぐる状況も、障害をめぐる状況と似ています。片方で、認知症は病気で専門家に見てもらいましょうという医療モデルに基づいた考えを強調して、認知症の人と地域の人々の距離をはなしておきながら、もう片方で認知症カフェを推進して、地域の人ともつながりましょうと言っているような現状があります。」

高齢化社会対応のOS開発のために、エイジング学はさまざまな分野の学問成果を貪欲に取り込みながら、それらを統合し応用する総合学を志向しなければならないのだ。わたしたちは、そのような時代に生きている。

第一章　エイジング日常学

社会生活のなかで、現代人は自分が実際的であると信じています。しかし物事をよく観察し、その真実の姿を認識しようとはしません。（ルドルフ・シュタイナー（高橋巌訳）『社会の未来』春秋社）

エイジングの点描

1　わたしは大学勤務なので一般の会社員などと違い、一時間目の講義担当日を除いて、通勤時間は割合にフレキシブルである。昼間に地下鉄やバスなど公共交通機関や公共施設を利用することも多い。そこには、朝夕の通勤・通学時間帯と明らかに異なる光景が展開する。そこで感じるのが、ここ十数年来、高齢者の乗客の割合が確実に増えてきたことだ。わたしたちの社会の高齢化が着実に進んでいることを実感するようになった。

この光景をデータで確認しておこう。総務省では、毎年、九月の第三月曜日の「敬老の日(*)」に高齢者人口数の発表を行っている。日本の場合、六五歳以上のいわゆる高齢者は、現在、約三五〇〇万人で、総人口に占める割合も二七％を超えてきた。つまり、日本は国民の四人に一人以上が六五歳以上の高齢者になっている。七〇歳以上の人口もやがて二五〇〇万人に達し、総人口比も一九％を超えるだろう。八〇歳以上の人口も一千万人を超えた。高齢者の男女比では、女性の方が男性よりも約四六〇万人多くなっている。

＊一九六六年の「国民祝日法」改正により、国民の祝日の一つに追加され、当初は、九月一五日であったが、二〇〇一年の「祝日法」改正により九月第三月曜日となった。なお、国連では、一九九〇年に高齢者の権利や虐待撤廃意識の向上を目的とした「高齢者の日」を一〇月一日としている。

こうした無味乾燥なデータ以上に、具体的な高齢化社会の光景を、わたしたちは日常、目にするようになってきた。工場や商店でもかつては若い人たちが多かったところで、高齢者が働いている。ファーストフードやスーパーマーケットのレジや警備の現場などで、高齢者が働いている姿を見るのも普通になってきた。

トラックなどの運転手の平均年齢も、いまでは五〇歳代を上回る。こうした働く場でのエイジングは、今後、間違いなくソーシャル・イノベーションを生み出す。必然、エイジングに対する日本人の日常的な意識も変わっていかざるをえない。

エイジングへの意識は、総人口に占める高齢者の割合の高まりとともに変化してきた。エイジング意識には、過去から連続的で安定的な領域と、変化した領域がある。前者は個人の信念や考え方に関連する。後者は社会規範—いわゆる世間の常識—と関係性がある。ただし、個人の意識が過去から連続的で安定的といっても、それはあくまでも相対的なものだ。社会が大きく変化するときには、個人の意識も不安的化しやすい。

このように、人の意識には、個人と社会に共通のものがある。

エイジングへの意識は、個人や社会階層によっても異なるが、年代層による違いが顕著である。「戦前」、「戦中」、「戦後」という三つの世代層の区分において、エイジング意識は異なる。

高度成長期に成人した世代は戦後ベビーブーム世代＝団塊の世代といわれる。この世代の先頭も、現在七〇歳を超えた。団塊世代は前後の世代と比べて、人口構成で大きな割合を占め続けてきた。それだけに、彼らや彼女らは戦後日本社会の働き方や生活の仕方の原型を形成してきた。数は力であった。団塊世代はさまざまな消費市場を新たにつくり、それまでとは異なる組織もつくってきた。

団塊世代は高等教育への進学率が高まった世代でもある。それでも、現在と比べれば、義務教育後すぐに就職する人たちも多かった。高学歴者だけが経済的・社会的地位の上昇を享受したわけではなく、高度経済成長の下で、学歴にかかわりなく、転職や起業によって経済的な上向が可能であった。

この世代の社会意識はどうであったろうか。経済復興から経済成長への軌道の下、個人差を差し引いても、組織内での昇給・昇格の可能性がいまよりはるかに大きかった。そのような時代の下では、安保闘争(*)や学園紛争(**)の「荒れた世代」も、企業などに勤めれば、組織内の序列―権威主義的―への従順性があった。これは、団塊世代のすこしだけあとに生まれたわたしの同時代史的観察である。

＊安保闘争（安保改定反対運動）――昭和二六［一九五一］九月に対日講和条約とともに締結された日米安全保障条約と日米行政協定は、米軍が占領終了後も日本に駐留することを無期限に定めた。当時の岸首相はこの片務的条約を相互防衛的な条約へと改定することを目的に、昭和三三［一九五八］年六月から日米交渉に乗り出し、新条約締結に向けて一〇月から公式交渉に入った。しかしながら、国民からの反対運動と自民党内の慎重論の下で、交渉はスムーズに進まなかった。昭和三五［一九六〇］年の年明けに、ようやく新日米安保条約が調印された。これに対して、野党や大学生などを含む国

民各層の広範な反対運動が起こった。

この運動を安保闘争や安保反対闘争と呼ぶようになった。締結の前年には、安保阻止国民会議が日本社会党、総評、原水協などによって設立されている。その第一次統一行動として、東京の日比谷公園で中央統一集会が開催された。こうした集会への参加者は、昭和三五［一九六〇］年七月までに延べ六〇〇〇万人を超え、反対請願署名者も二五〇〇万人を超えたといわれる。戦後最大規模の国民反対運動を受けて、自民党は警官隊の議場導入、反対国会議員の排除によって自民党単独の強行採決をはかった。このため、国民反対運動はさらに広がり、国会を包囲するデモが連日連夜続いた。この間、東京大学の女子大生の圧死もあり、デモは激しさを増していった。アイゼンハワー大統領の訪日も中止された。結局のところ、新安保条約は国会で自然承認のかたちをとることになった。

＊＊学園紛争——太平洋戦争後の民主化の下で、大学での民主化運動も起こり、昭和二三［一九四八］年に全日本学生自治会総連合（全学連）が結成されたものの、当時の政党との関係の下で分裂も起こった。日米安全保障条約改定をめぐっては、全学連などが学生の反対運動を担ったが、新安保条約の成立後、学生運動は下火となっていった。その後、ベトナム戦争の激化とともに、学生運動は再び盛んとなり、大学ごとの学園紛争が起こることになる。昭和四〇年代には、東大紛争などで政党と距離を取る全学共闘会議（全共闘）といった学生運動形態—街頭闘争も含め—が起こり、全国の主要大学へと拡がるとともに、高校にも波及した。

団塊世代が職業現役世代から引退世代へと移行することによって、三つの「喪失感」が生じるように思われる。一つめは職業的地位の喪失、二つめは子供の独立により親の役割の喪失、三つめは配偶者などの喪失である。三つの喪失により、人の意識は変化せざるをえない。こうした喪失にもかかわらず、日常生活において幸福感をどのように維持できるのだろうか。そこに、いわゆる「サクセスフル・エイジング論」が、人生後半の課題として登場する。

かつて「働き蜂」と称された高齢者世代の社会参加は、趣味に生きる「ご隠居論」ばかりではなく、ボランティア論や地域活動参加論を中心に論じられやすい。積極的な社会参加こそがサクセスフル・エイジングだと、場所を企業から地域社会へ移しての社会参加が推奨される。

だが、個人の生き甲斐や地域活動にはさまざまなかたちがあって当然である。したがって、サクセスフル・エイジングにもまた、いろいろなかたちがあってよい。地域によって異なる文化があるように、国や地域が異なれば、エイジングに対する見方や認識も異なって当然だ。

計量社会学者の吉川徹は『長期追跡調査でみる日本人の意識変容―高度経済成長世代の仕事・家族・エイジング―』で、パネル・データ(*)を利用した日米比較の分析結果を紹介している。興味深い国際比較研究の結果である。

＊パネル・データ――以前は統計専門家以外には使われなかった。現在はよく使われるようになった。それは社会科学でも自然科学と同様に数量分析の手法が活用されるようになったからである。一般に、パネル・データとは分析対象のサンプルを同一個人、同一地域、同一業種などで時系列にデータとして整備したものである。パネル・データは回帰分析などに利用される。

吉川は、「エイジング・パラドックス」―加齢とともに社会関係が縮小し、認知機能や身体機能が低下するにもかかわらず、幸福感は低下しないこと―にふれたうえで、つぎのように指摘する。

「欧米よりも日本の高齢者の方が外的な変化を well-being の維持・増進に取り込めている可能性を示唆するものである。反対に、高齢期の喪失への適応に際し、アメリカでは個人内の発達プロセスや適応プロセスによって、時間の経過とともに役割喪失に適応しているのではないだろうか。そういった点で、アメリカは個人内の適応プロセスが外的な補償よりも重要であり、日本においては、外的な補償が十分に機能すると考えられる。以上から、政府や自治体レベルでの社会的役割の創造は、日本においてはアメリカよりも意味をもつと考えられる」。

従来の「日本社会論」によれば、日本社会では個人のアイデンティティーは組織への帰属を優先したところに成立するとみた。この場合、比較の対象はもっぱら欧米諸国―実際には欧州各国と米国とはすべてが同じではないのだが―で、欧米諸国ではまず個人が優先されるという見方＝暗黙知が日本社会では強かった。これは文化人類学者の中根千枝（一九二六〜）の『タテ社会の人間関係―単一社会の理論―』（初版は昭和四二［一九六七］年）以来の日本型組織への見方でもある。

中根のいうタテ社会とは、そこに属する成員（メンバー）を中心とするメンバーシップ型組織である。組織のメンバーであることがその人の社会的なポジションである。

他方で、中根のいうヨコ社会は特定組織のメンバーであるかどうかより、何の専門家であるのかが優先する資格社会である。

たとえば、「私は設計者です」、あるいは、「〇〇の技能者です」というように、まずはその人の専門性が問われる。専門家はどこの組織に属そうと、自分の能力や資格を活かすことができる。組織内の内部労働市場はつねに外部市場と連動する。新規学卒一括採用で、「入社から定年退職まで」、職業人生のほとんどを単一企業で送るケースは、欧米諸国のとりわけホワイトカラー層では多くない。

むろん、いまでは、日本社会でも転職などが多くなり、非正規雇用に象徴されるように、期間雇用の比重も高くなった。とはいえ、きわめて平均的な社会的価値観や社会的序列観の下では、「寄らば、大樹の陰」＝巨大企業への所属を望む人は多い。社会的序列観に代表されるような、メンバーシップ型組織への帰属がいまも重視されている。必然、メンバーシップ型組織から離れてメンバーシップ・カードを失えば、社会的喪失感―組織への帰属感の喪失―を覚える人たちは一定数いる。

さて、吉川の調査結果が示唆するように、「日本の高齢者の方が外的な変化をwell-beingの維持・増進に取り込めている可能性」が高く、米国の高齢者が「個人内の発達プロセスや適応プロセスによって、時間の経過とともに役割喪失に適応している」傾向が強いとして、吉川の示す処方箋は有効なのだろうか。整理しておこう。

（一）米国社会における高齢者の職業生活からの引退後の生き方―「個人内の適応プロセスが外的な補償よりも重要」であること。

（二）日本社会における高齢者の職業生活からの引退後の生き方―「外的な補償が十分に機能すると考えられ……政府や自治体レベルでの社会的役割の創造は、日本においてはアメリカよりも意味をもつと考えられる」こと。

つまり、従来からのステレオタイプ化された日米比較論の下で、欧米人＝個人主義、日本人＝集団主義の構図を描けば、個人主義的傾向の強い欧米人のエイジング意識はあくまでも個人のなかで適応がはかられるべき課題となる。集団主義的とされてきた日本人には、処方箋があるとすれば、政府や自治体が個々人に対して引退後も参加できる社会組織を提供すべきという議論になる。事実、そのようなＮＰＯ組織、公民館や文化会館、スポーツ会館でのイベント開催に熱心な地方自治体もみられる。

しかし、この種の彼我のステレオタイプ化された比較では、日本でこそ「個人内の適応プロセスが外的な補償よりも重要」ではないかと、わたしなどは思ってしまう。日本の大企業のなかには、退職者のさまざまな趣味などのクラブ活動が盛んな例もあるが、日本の労働人口の七割近くが中小企業で働いていることを考えると、「外的な補償が十分に機能する」ＯＢ会－ＯＧ会ではない－の存在は少数であろう。ましてや、地方自治体が政策として「外的な補償」という制度を整備できる時代でもない。

今後の地方財政の動向を考えると、行政の果たすべき役割と果たしうる役割とが必ずしも合致しないケースがでてくる。いや、すでにでている。とりわけ、過疎地において、すでにこの種の問題は顕在化している。日本社会でも、今後は外的な補償は縮小せざるをえず、個々人が工夫してエイジングへの適応プロセスを高めることが求められる。同時に、個々人が工夫を重ね相互補償的なシステムを共に作り上げる必要もありそうだ。

考えるに、個人がそれぞれ当面する課題や、自らが関わりたいという分野を中心に、社会への関心を持続させ、緩い連帯のＮＧＯなどの活動を通じて社会参加するという方向がもっとも現実的であろう。緩い連帯というのは、単に高齢者間だけではなく、その地域を構成するさまざま人たちとの連帯を意味する。その種の連帯なくして、高齢化社会を維持していくことは困難であると、わたしは考えている。

2　二〇一六年九月放映のＮＨＫ報道スペシャル番組『縮小ニッポンの衝撃』は、各方面に大きな衝撃を与えた。政府統計データ以上に、その映像は高齢化日本の具体的な姿を可視化した。過疎地は過疎地なりに、大都市は大都市なりに、エイジングの経済的、社会的影響から逃れることができない、日本社会の姿がそこに示されていた。

少子高齢化社会の下で、「住む」こと、「生活する」こと、そして「働く」ことを、わたしたちはどのようにして維持するのか。あるいは互いにどのように支え合うのか。住民だけではなく、多くの異なる専門家の知恵を出し合うことで、エイジングの日常生活を乗り切るしかない。
建築家の大月敏雄は、各地に生まれた「ニュータウン」(*)―といいながらもオールドタウン化した町―の、とりわけ、高齢者の引っ越し、入院、死亡によって空き家が今後ますます増加することへの再確認を促す。大月は『町を住みこなす―超高齢社会の居場所づくり―』で、「今や時代は人口減のモードに入り、余りつつある施設をどのように減らしていくか集約化するかという課題を解かなくてはいけなくなっている」と指摘する。

*ニュータウン――元来は、英国開発公社が第二次大戦後に建設し始めた大都市周辺に計画した職住近接衛星都市や住宅団地を指した。現在では、世界各国にニュータウンと呼ばれる都市がある。日本の場合、国土交通省が郊外開発事業に関連させて、計画戸数・計画人口との関連で空間面積規模を示してきている。実際には、地方公共団体―区画整理事業の場合―、都市再生機構（旧都市基盤整備公団）、鉄道会社、不動産・開発企業によってニュータウンなどの名称が使われてきた。概ね、日本の場合は中心市街地の人口過密化によって郊外にターミナル駅を中心に住宅開発・住宅分譲を行った結果、当時の比較的若い世代が住宅を求めて移った地区が、いわゆる「ニュータウン」とされてきた傾向が強かった。

ニュータウンの世代交代と人口減少の下、地域によっては、空き家問題が大きな課題となっている。この問題は単に過疎地だけではなく、大都市においても飛び地的に起こる。大月自身は、大都市郊外での空き家問題の一層の深刻化に注意を喚起する。今後、郊外に増え続ける空き家をどのように活用するのか、その方途をどうするのかと、問題提起する。
大月は、空き家問題とは単に家屋を潰し、更地にすればよいというテクニカルな問題ではないと強調する。問題の本質は、家族形態の変化に応じた住み方を、超高齢化社会の下でどのようにして作り上げていくかにある。また、高齢化した町に相応しい地域包括ケアシステムと個々人の住環境をマッチングさせる、システム構築が必要となってきている。

かつての都市づくりや町づくりが、多様な年代層を取り込んだものであれば、時間的余裕をもった対応が可能であったかもしれない。しかし、効率性だけを求めた町づくりは、人口増のピークを超えた時点で、効率性が変革への大きな足かせに変化し、地域によっては事態は急速かつ短期間で悪化する。

その対応をめぐっては、従来型の組織をどのように柔軟な組織へと転換させうるのかといった組織論も盛んである。組織論や組織デザイン論からすれば、柔軟性をもたせる組織設計が重視される。企業組織論でいえば、異なる年齢の多様な社員構成、多彩な人材の採用、単一事業分野ではなく多様な関連事業分野、将来事業を見越した研究開発への取り組み、多様な地域での事業展開などが理想的である。程度の差こそあれ、大規模組織ほど柔軟性や変革性の確保は難しいものだ。そのため、意識的にこのような方向を目指すことが必要となる。鍵を握るのは「多様性」への受容である。

しかしながら、目的に合った特定メンバーばかりを集めたメンバーシップ型組織である企業のような組織と、さまざまなメンバーがいる地域とは明らかに異なる。組織とは一定目的の下に集まった人的集団である。年齢という縛りによって、組織は新陳代謝させやすい。他方、地域には同一空間に居住していること以外には、共通するものはさほどない。

本来、地域にはさまざまな年齢層の人たちが居住し、働き、生活する。地域は「働く」と「生活する」の相互作用のなかで成立している。

先にふれたニュータウンは、しばしば「ベッドタウン」に等値される。ベッドタウンという言葉が示唆するように、ここでは、「働く」と「生活する」が分離され、「生活する」―より正確には寝に帰る―場としてだけの地域もある。かつてのように、「働く」と「生活する」が同一空間を形成する地域は減少した。
雇用の場の減少は、居住にも影響を与え、他地域への移動を促す。過疎問題と過密問題の同時進行は、「働く」と「生活する」の相互作用のメカニズムが崩れた結果である。過疎地域で高齢者比率が高く、若年・中年世代の比率が低下するのは、「働く─雇用─」場の地域的ポテンシャルが大きく低下したためである。

それでは、地域での柔軟な対応力を高めるにはどうすればよいのか。柔軟性の確保のためには、まずは地域に年齢的多様性を持たせる必要性がある。「働く場」に関しては、雇用を維持・拡大できる多様な企業が地域に存立していることが鍵を握る。大企業の事業所から中小企業まで、立地企業の多様性が必要である。多様な企業の存立には、多様な産業の立地、そのために、地域産業の国際競争力の維持・強化が重要である。そうした国際競争力をもつ企業や人を引きつけるのは、地域の生活基盤のレベルの高さである。とりわけ、定住者を引きつけるには、経済的かつ文化的な要素が同時並行的に必要となる。

要素としては、インフラ整備・維持のノウハウに加えて、エイジング対応のノウハウの蓄積が一層重要となる。エイジング学は産業政策から建築や都市計画にも大きな影響を及ぼし得る。エイジング社会では、フロー経済面だけにこだわるのではなく、それまでのさまざまな蓄積を生かすことのできるストック経済面での取り組みが求められる。

エイジングの受容

1　年齢を重ねても、人は健康でありたいと強く願う。健康年齢を長く維持したいのは、誰しもの願いない。

である。とはいえ、人は老化し、やがて寿命を迎える。人間も生物として老化―寿命―を避けることはできない。

生物学者の若原正巳は、人間も含め生物には必ず寿命があることを強調する。若原は『ヒトはなぜ病み、老いるのか―寿命の生物学―』で、エイジング＝老化をそのメカニズムからとらえると、「老化に関しては、テロメア短縮説、すり切れ説（いわば酸化ストレス説）、突然変異蓄積仮説、早期老化遺伝子説、サーチュイン遺伝子仮説などたくさんの仮説があるが、まだすべてのヒトを納得させる理論はないようだ」と指摘する。

「テロメア短縮説」は細胞自体の寿命説である。遺伝子や突然変異といってしまえば、老化現象は受け入れるしかない。だが、生活習慣やストレスなども関係するといわれれば、改善のために、カロリーや糖質を制限する新商品がつぎつぎと生まれては消えていることも理解できよう。とはいえ、カロリー制限だけをすれば、栄養状態が悪化して免疫機能が低下し、病気にかかりやすくなる。かえって寿命が短くなるケースもあろう。

「サーチュイン遺伝子仮説」では、寿命に最も関係する遺伝子の一つであるサーチュイン遺伝子＝長老遺伝子の作用に注目する。カロリー制限やポリフェノールで、この長老遺伝子が活性化されるという説もある。この説もまた食品やサプリメントの登場を促す。サプリメントの広告宣伝がテレビに登場しない日はない。

健康寿命ブームについて、若原はつぎのようとらえる。

「ヒトでは実感ができないから結論をだすのは難しい。一方、現在カロリー制限による健康法がもてはやされているし、糖質制限が寿命を延ばすだの、ロカボ（ローカーボン食）、低糖質が健康の秘訣だなどなどいろいろな説が流行している。メタボリック・シンドロームという言葉が社会の中に定着し、テレビのコマーシャルを見ても、メタボ対策の健康食品が次から次へと宣伝されている。ビールも糖質オフとかカロリーゼロをうたい文句にしたものが売れているようだ。……過激なダイエットは健康に良くないし、長寿命につながらないという点だ。特に中期以降は、過激なダイエットは進められない。なぜかと言えば、若いうちはともかく年をとると栄養が大事なのだ。……寿命に関係する要因はたくさんあるが、なかでも重要な免疫能は栄養状態に依存する。……高齢期に入った人については、ＢＭＩ（ボディ・マス・インデックス）と死亡率は関係がないことがわかってきた。……だから、多少太っていた方が長生きするのだろう。痩せたほうが明らかに寿命は短い。

若いうちは過食すれば当然メタボリック・シンドロームとなり、血管系が衰えやすく、高血圧や糖尿病のリスクが高まるが、高齢者が粗食になると、病原体に対する免疫能が低下して、組織の再生機能も衰え、血管壁がもろくなり、筋肉も弱くなり認知症になりやすい。……フレイル（虚弱）の最たる要因がサルコペニアという筋肉の衰えだ。筋肉の衰えをできるだけ遅くすることが健康寿命の秘訣だ。良質のたんぱく質をとり、適度な運動をすることが大事だろう。」

こうしてみると、エイジングは単に肉体的・生理的な変化だけではない。エイジングを遅らせ、いわゆる健康寿命を維持するには、巷にあふれる健康食品や健康補助食品の摂取では済まされない。むしろ、ストレス軽減や適度な運動を可能にさせる働き方の実現など、社会の仕組みの構築がきわめて重要な役割を果たす。

他方、高齢者層になると、男女比で女性の割合が高まる。若原も、生物学の研究成果から男女差の生物学的理由を取り上げる。しかし、若原は『なぜ男は女より早く死ぬのか―生物学からみた不思議な性の世界―』で、「染色体相違説」、男性での「劣勢遺伝子発現説」、「男性ホルモン―アンドロジェン―説」を紹介しつつ、「分子生物学が格段に進歩し、ヒトのすべての遺伝子のDNA配列が解明されました。個々の遺伝子の発現や遺伝子の変異などが調べられた結果、すべての性質や能力、場合によっては病気のかかりやすさまで遺伝子で説明しようという傾向がありますが、それにはあまり賛成できません。人の運命や人生を遺伝子だけで説明できるはずがありません」と指摘する。

　年齢別人口構成比の変化と、健康・保健に関わる商品やサービスなどのテレビコマーシャルの増加には、明らかに相関性がある。人々の加齢に伴う不安感を必要以上に煽る広告宣伝は減りそうもないし、若さ維持を煽る、高齢化のネガティブキャンペーンも盛んである。

2

　人が歳をとるのは、当たり前である。当たり前であるが、そのとらえ方は人それぞれである。エイジングへの意識に限らず、人は生まれ育った環境や時代のなかで、感覚を研ぎ澄ます。必然、同じ日本人といっても、年代によって感性や考え方は異なる。高度経済成長の下で育ったわたしの世代からすれば、いまの社会にはどこか閉塞感を感じている。バブル経済以降や、デフレが長く続く時代に育った世代は、また別の感性をもっているのかもしれない。

　時代の閉塞感がエイジング感覚にも反映しているとすれば、高齢世代の「いまどきの若者論」が若者たちに閉塞感をもたらしているとみる向きもある。逆に、若者世代の「いまどきのお年寄り論」が、高齢者に閉塞感をもたらしているのかもしれない。

　この種の議論に白黒をつけることはできないが、閉塞感もまたエイジング社会の下での社会現象の一つであるにちがいない。閉塞感＝「高齢文化」への対抗的対概念があるとしたら、それは「若さ（を強調する）

文化」である。ステレオタイプ的にいえば、社会の構成員の年齢層が上がるにつれ、人びとは未来や現在よりも過去に思いをはせ、守旧的あるいは保守的になる。

もちろん、若者でも保守的な人物はいるし、高齢者であっても独創的かつ創造的な発想をもち、建設的な人たちもいる。「高齢者人口の増加→保守的→閉鎖的」というサイクル像は、あまりにも雑駁かつ一般的な見方ではあるまいか。経済、政治や社会的意識のそれぞれの側面からもうすこし詳しくみておく必要があろう。


閉塞感の大きな原因の一つは、経済的な縮小均衡である。一生懸命働いて報われる時代であれば、ワーキングプア（*）という言葉は生まれない。ワーキングプア問題は、所得再配分という政治課題を避けて解決することはむずかしい。

＊労働問題の研究者たちは、一九九〇年代には非正規雇用―派遣労働者やパートタイマーなどを含め―の賃金水準とその雇用の不安定を「貧困」問題としてとらえていた。「ワーキングプア」という言葉がマスコミなどに頻繁に登場するようになったのは、平成一六［二〇〇四］年七月のＮＨＫスペシャル番組「ワーキングプア―働いても、働いても、豊かになれない―」からであったといってよい。

政治―とりわけ投票総数に基づく「民主型」政治―では、確実に高齢者の影響力は強い。政治とは、ある意味では、国民間における利益と不利益の分配や再分配に関わるものである。

たとえば、すでに退職し年金に依拠する年齢層の政治意識＝投票行動はどうであろうか。彼らや彼女らは、若者支援を優先させ、年金などの給付水準の引き下げを政策的に訴える政治家を積極的に支持するだろうか。

他方、若年層や働き盛り層は高齢者への年金の給付水準を維持するための、所得税率の引き上げに素直に応じるだろうか。

エイジングをめぐる政治行動は年齢層によって異なる。人は自分への利益の配分は歓迎するものだ。だが、不利益に賛意を表することは困難である。納税者意識の強い米国の高齢者団体のように、自らの利益を擁護する政治団体が広範に日本社会で形成されてきたわけではない。とはいえ、日本社会でも、さまざまな利益集団が自らの利益擁護のために、政治組織を形成し、選挙に影響を行使することは必至であろう。

日本にも、高齢者＝老人の全国組織として全国老人クラブ連合会（全老連）がある。第二次大戦前にも、九州や京都に老人クラブがみられたが、全国各地で生まれ始めたのは戦後である。昭和三七〔一九六二〕年には、全国老人クラブが結成され、翌年から政府の補助金も支給されることになった。「老人クラブ」運動は、政府からも「健康増進運動」として推奨され、その後は「ねたきりゼロ運動」としても展開した。

健康活動－ほかに友愛活動や奉仕活動－を掲げる老人クラブは、高齢化に伴う医療費増加の抑制の必要性から、政府にとって無視できない存在である。老人クラブは、市区町村単位に組織されていて、高齢者との情報交換や高齢者へ政策情報を提供するうえで有益な存在となってきた。今後は、介護予防や日常生活支援において、老人クラブの自主的な活動へ期待がかかる。

現在、クラブ数は一〇万以上、組織会員数は約五七〇万人である。(*) しかしながら、ここ二〇年間は、クラブ数、会員数とも減少を続けている。六〇歳以上という会員資格に対して、心理的な抵抗感をもつ「老人」もそれなりに多いからだろう。組織率にも地域差がある。大都市圏では組織率は低く、過疎といわれている地域では高い。ベッドタウン化してきた都市圏では、地域内の人的な結びつきが弱いことから、現実には組織の結成が困難である。

＊厚生労働省の調査によれば、全国の老人クラブ数のピークは平成七［一九九五］年の一三万四〇〇〇であり、その後減少しつづけ、平成二八［二〇一六］年には一〇万一〇〇〇へと二五％ほどの減少となっている。会員数についても、同期間で八八〇・三万人から五六八・六万人へと三五％の減少となっている。この間には、一定年齢層だけを組織する老人クラブの存立理由も変化してきたことが考えられる。現在では、暦年齢に関わらず、目的ごとに組織される非営利活動法人（NPO）などへの参加意識も高まってきている。

老人クラブは地域ごとの一定年齢層以上の組織であるが、他には、役所などの幹部職員退職者で組織されている一般社団法人日本退職公務員連盟と、全国市町村職員年金者連盟などの旧公社・役所関係の団体、全国私学共済連盟など学校系の団体がある。いずれも年金を中心とする組織である。また、民間企業の場合は、企業退職者のイベントなどを中心とした一般社団法人日本セカンドライフ協会―日本退職者福祉協議会から名称変更―がある。あるいは、労働組合の系統を引くものとして高齢者生活協同組合連合会などもある。

圧力団体論の政治学(＊)からすれば、日本の高齢者が米国流の「闘う老人」の政治団体を結成しているとは言いがたい。日本の高齢者団体は、地域や職歴を超えて、社会福祉サービスの充実や年金の増額要求を中心にして結成されてきたわけではない。むしろ、高齢化社会で「寝たきりにならない」ように、互いに協力・支援しながら健康の維持・増進を目的として、交流やイベントを行っている、政治的には緩い組織である。今後、闘う老人の理念と目的を掲げるNPO法人も生まれるかもしれない。だが、いまのところ、低調ではないだろうか。

＊特定の組織や集団の利益を擁護するための政治団体の政治行動――たとえば、選挙での候補者への支援・応援――あるいは、自分たちの利益を実現する政党への支援―である。米国では、そのためのロビー活動が盛んであり、日本でも議員や官僚へのさまざまな働きかけがある。米国政治学や政策分析では、そのような圧力団体＝利益団体間の動きが重視される。

高齢者の場合、地域間流動性は低下する。地域によっては、高齢者の比率が極めて高くなることで、従来の公共サービスの維持が困難になり、福祉センターなど箱物行政での対応には限界が見えてきている。日本では、公共サービス政策の維持のためには、闘う老人ではなく、「協力する老人」がより現実的に必要となる。

財政悪化に苦しむ市町村などの基礎自治体が、従来の公共サービスを維持しつつ、さらに高齢者向けに適切な公共サービスを提供するには、多くの課題がある。自治体と高齢者がともに協力しあえるような地域社会の高齢化社会支援組織が必要となる。それには官制組合などの従来型の組織ではなく、むしろ新たなＮＰＯ法人が相応しいかもしれない。

また、地域社会といっても、分譲住宅を中心にベッドタウン型の町づくりを行ってきた、いわゆるニュータウンでは、関係性の薄かった住民同士を結びつけるには、多くの解決すべき課題がある。前述の建築家の大月敏雄は、『町を住みこなす―超高齢社会の居場所づくり―』で、ニュータウンの老い方については問題点も多いと指摘する。大月は、少子高齢化の影響は、とりわけニュータウンで大きく現れつつあるとみてきた論者の一人である。

すなわち、「当初は予想もしなかった事態、すなわち過度に偏った高齢化、若年層流出による地域の衰退、空き家化などが深刻味を増してきた」、また、分譲マンションについては「特定の層が住む確率が高くなるということは、高齢化したときの課題の集積の度合いも高くなる」。このため、単一性ではなく多様な年齢層の住めるような賃貸をベースとする住宅づくりや町づくりが重要であると、提言する。

大月は、高齢化社会の下では、年齢的多様性のある町づくりを如何にスムーズに進めるかがポイントであると指摘する。エイジング社会の到来を受容したうえで、どのようなハードとソフトを整備していくのか。エイジング学の取り組むべき課題である。ここでも鍵を握るのは「多様性」とその受容への取り組みである。

エイジングの対応

1　地方自治体の公共サービスは、エイジング社会の到来によって、とりわけ過疎地域ではすでに曲がり角を迎えている。国政レベルでも、その対応は進められてきた。一九七〇年には議員立法で「過疎地域緊急措置法」が一〇年間の時限立法として成立し、その一〇年後には、「過疎地域振興特別振興法」が制定された。その後も「過疎地域活性化特別法」が、また、やはり時限立法として「過疎地域自立特別措置法」が制定された。特別措置法は、深刻な影響を広範囲に与えた東日本大震災もあり、延長され現在に至っている。ちなみに、平成の大合併で、市町村数はそれまでの三二〇〇以上から一七一八となったものの、その四八％がすでに「過疎地域」とされていることに留意しておく必要がある。

過疎地域の具体的な問題は、つぎのように整理できよう。

① 人の住まなくなった住居＝空き家の増加への対応―治安や災害時の問題。

② 商店などの閉鎖により地域内での買い物等の利便性の減少。

③ 人口減少による公共交通の減便や廃止による公共サービスの低下。

これらの問題を深刻化させる悪循環をどこで断ち切るか。住民にとっても、自治体にとっても喫緊の知恵と工夫が要求される課題となってきている。

実際のところ、個別自治体だけでは、明らかに対応が困難な課題も多い。近隣自治体間の積極的な協力・

協働なくしては、遅かれ早かれ立ちいかなくなるだろう。「過疎地域連携経済圏」の構想が出てきているのもそのためだ。問題は、どのような「連携」が実際に可能であるかである。

過去を振り返れば、自治体に関わる変革などは、戦時体制や大災害などといった状況の下で、ハードランディング的な取り組みのなかで進んだ経緯がある。他方で、深く静かに、地方自治体や地域に不断かつ持続的に変革を迫り続けるのが、エイジング現象である。エイジングに対しては、ハードランディング的な対応ではなく、持続的な変革を実行する必要性があろう。地域住民や関係者への意識変革の働きかけ＝社会教育がますます必要となる。その意味では、社会教育の一環としてのエイジング学の果たすべき役割はきわめて大きい。

2　エイジング社会へは、単に専門家や関係機関だけではなく、高齢者自らが学びつづけ、能力の維持・向上や地域とかかわる機会の拡大を通じて、対応をはかっていく必要がある。エイジング社会においては、「課題」の解決と若いころの学校での勉学よりはるかに広い範囲の「学習」とが、深く結び付く必要がある。

教育学者の森玲奈は、『「ラーニングフル・エイジング」とは何か―超高齢社会における学びの可能性―』で、超高齢化社会で主体的に生きるための「学習課題」を、つぎのように提起する。

①「ヘルスリテラシー」（情報行動）―健康への正しい理解。
②「住まい方」（コミュニティ）―地域との関わりも含めて住宅のあり方。
③「働き方」（キャリアの多様性）―年齢を重ねても働くことのできる環境の整備など。

④「死との向き合い方」―健康年齢の維持も含め。

こうした課題を解決するための学習手法―ラーニングフル―として、（ア）オンライン学習、（イ）プロジェクト、（ウ）カフェ、（エ）ワークショップ、を提案する。いずれの課題も、その先には、高齢者が生きと活躍できる機会を提供できる社会の開発、という目標が設定される必要がある。

「ラーニングフル」という英語は、どのような日本語に移し替えるべきか。なかなか難しい。「学び続ける」あるいは「生涯にわたる学び」がぴったりかもしれない。いずれにせよ、ラーニングフル・エイジングでは、高齢化のスピードに応じて、短期的、中長期的に取り組むべき課題を明確にしておく必要があろう。今後のエイジング学は、生涯学習を視野に入れ、多世代をも受け入れることのできる、課題解決のプログラム作成に貢献することが求められる。

ところで、「エイジング」という表現も含め、学術用語では、感覚的で人によって受け取り方が異なる言葉は避けたい。概念把握において、ブレを避け、厳密性を担保できる言葉を常に探っている。

これまで、「老齢化」、「高齢化」、「加齢化」、「長寿化」という日本語表現が、文脈に応じて使い分けられてきた。英語表現ではいずれも「エイジング」であるし、また、「歳をとること」であることに変わりがない。「老齢化」や「高齢化」という表現は、経済や社会への影響度において、ネガティブであると暗黙裡に想定されている。そのような語感的印象が強い。「長寿化」という言葉には、どこかポジティブな語感的印象がある。

高齢化や高齢化社会に関する政治家の発言には、政策誘導の意識からか、こうした表現が意図的に使い分けられている。そう感じているのは、わたしだけだろうか。そのような発言では、医療費高騰による国家財政の破たんがしばしば暗示的に示される。高騰する医療費などへの対処として、将来の税率の引き上げや医療費の自己負担割合の引き上げという政策実行の可能性も示される。それは、保険点数をめぐる強力な圧力団体である医療関係や製薬関係への牽制もあろうが、一般国民、とりわけ、高齢者には大いなる不安を与える結果にもなっている。

老後への不安が煽られれば、高齢者は現在の消費を控え、倹約生活を送り、すこしでも貯蓄に励もうとする。不安感の醸成が、結果として経済成長を引き下げる。

この意味では、経済の消費面からの活性化には、高齢者の不安を掻き立てるのはなく、高齢者が老後の消費生活に展望をもてるような状況をつくり出す政策が必要である。これは重要な点である。

第二章　エイジング社会学

人口の高齢化が語られるときにも、医療や年金制度の問題に目が行きがちである。そして、人類が渇望してきた長寿を実現したばかりか、健康で、貧困から自由な、長い、自立した高齢期を手にして、〃人生の第三期〃を因習にとらわれずに自由に創り得るようになったことは忘れがちである。

（古谷野亘・安藤隆敏編『改定・新社会老年学―シニアライフのゆくえ―』ワールドプランニング）

社会学的接近方法論

1　日本社会が総人口で一億人を超えたのは、高度成長期の昭和四二［一九六七］年である。国際連合の定義では、暦年齢で六五歳以上の人口割合が七％を超えると「高齢化社会」と呼ぶようになった。この基準からすれば、日本の高齢化社会「元年」は昭和四五［一九七〇］年であった。ちょうどこのころに大学へ入学したわたしの記憶では、当時の日本は高齢化社会へと突入したような社会的風潮などなきに等しかった。

高度成長期のもたらした豊かさとは裏腹に、公害問題が明らかになるなか、数年後に第一次石油危機が起こった。物価の高騰によって、年金給付のスライド制などが導入された。高度成長罪悪論も登場した。政府は、七〇歳以上の老人医療等を中心とする福祉政策の充実を重視するようになった。とはいえ、将来の人口構成を見据えた持続性のある福祉国家論が展開されていたかは疑問であった。のちに明らかになるが、一九七〇年代半ばには出生率も低下し始めていたのだ。つまり、この時点からすでに、日本社会は少子高齢化への道を歩んでいたことになる。

「少子高齢化」に限らず、人口動態による社会変化への認識は低いものだ。認識とは、政府や研究者が政策課題として認識するかに関わりなく、人びとのきわめて日常的な社会意識によって規定されるからだ。

いうまでもなく、経済学者にとって、もっとも信頼できるデータは人口統計である。大きな災害や戦争などがなければ、将来人口の推計はきわめて正確である。そこから消費などの経済活動も、正確に予測できる。わたしたちは人口統計、とりわけ、総人口と年齢別人口構成比の変化の予想を通じて、日本経済などがどのように変化するのか、その手がかりを知ることができる。いまもむかしも、有力かつ有意な経済学的接近方法論である。それと対比して、社会学的接近方法論として、エイジング学はどうあるべきなのか。ポイントはいくつかある。つぎのように整理しておこう。

一つめのポイント―人びとの社会認識への着目である。より正確には高齢化社会、さらには超高齢化社会への人々の認識とこれに基づいた行動の分析である。これは、一定の暦年齢基準、たとえば、六五歳以上をすべて高齢者と一括して分析することの成否を問うことでもある。さまざまな地域、職業、所得層などによって、同一暦年齢といっても、人びとの活動領域や活動状況は一律ではありえない。そうした点への着目と社会学的な分析は、エイジング学をより豊かにしてくれる。

二つめのポイント―人びとの価値観や社会的規範への着目である。経済学は人びとを消費者や企業家、働く者としてとらえ、その経済的行動を分析対象とする。だが、人は経済活動だけを担っているわけではない。彼らや彼女らは職場だけでなく家庭や地域の一員であり、さまざまな役割を担った社会的存在である。社会学的接近では、そのような社会的存在としての個人、集団、組織を分析対象とすることで、人びとの意識や行動をより総合的に理解できる。高齢化社会や超高齢化社会の問題や課題に対する政策が、経済的論理だけで形成されてよいわけはない。そこに社会的論理を入れることでより現実性の高い政策が登場しうる。

三つめのポイント―学校教育や社会教育への着目である。重要なのは制度などによる誘導―外部強制―ではない、人びとの自律的な社会意識の変革である。そのための教育は、「読み・書き・話す」の基本的なコミュニケーション能力の育成だけではない。自主的な学習能力を養成し、社会への関心を呼び起こし、その抱える問題や課題への取り組み意識を醸成させるところに、その本質がある。この意味と範囲で、教育とはただ単に幼年期や少年期、青年期に限られるものではなく、一生を通じてよく学ぶ人たちをつくることにある。エイジング社会でもまた、教育を通じてそのような意識改革を促す取り組みが必要である。

人は学習を通じて、あらゆることへの認識を深め、行動する社会的存在である。先に紹介したラーニングフル・エイジング論で重視された点でもある。人は年齢に関わらず、エイジング社会に関する学習を深める必要がある。

2　エイジング社会学では、高齢者を対象として、高齢者の人口比重が高まる社会のさまざまな問題を扱うことになる。現在のところ、高齢者の人口比率上昇＝高齢化率の高まりは、少子化の高まりを伴ったものである。そうである以上、エイジング社会学は少子化現象をも同時に対象とすべきである。

少子化は、人口減少の著しい過疎地域の問題ととらえられがちである。だが、いまでも人口増が続く巨大都市圏、たとえば東京でも、確実に少子高齢化が進行してきている。毎年、高齢化ランキングで上位を占める東北や山陰の高齢者数の増加をはるかに上回るのが、巨大都市圏における高齢者の絶対数の増加なのである。

たしかに、高齢者数と比べて、若者世代の数は大都市では多い。とはいえ、大都市圏では結婚率の低下や出生率の低下で、子供の数が減り、少子高齢化率は上がってきている。現在のところ、少子高齢化率を止めるほどの出生者数の増加がみられていない。

なぜ、若い世代は、結婚して子供を持とうとしないのか。結婚したいが、結婚できないのか。結婚したが子供を産めないのか。あるいは、産まないのか。従来の議論では、この問題へはもっぱら経済学的接近方法が適用されてきた。つまり、結婚して世帯を形成できるだけの経済力＝所得水準が確保できない就業構造や労働市場の構造的なあり方が問題視されてきた。必然、この種の議論の政策的方向性は経済政策が中心になる。非正規雇用を対象とする雇用政策や所得再分配政策である。

とりわけ、労働市場の構造変化に着目した非正規雇用者への対応―是正―論が、取り上げられる。それに関連して、国際競争論や産業構造論も展開してきた。すなわち、日本経済を支えた主導産業は、繊維・雑貨産業から、電気・電子機器や輸送用機器のような加工組み立て産業へと変遷してきたものの、国内において、国際競争力を維持できる、つぎなる産業への転換が遅れた。このことにより、海外生産がグローバリズムの下で拡大し、結果として国内事業所の整理再編＝国内雇用の流出が続いた。この影響が若者の雇用形態に現れた。

個別企業の経済活動がますますグローバル化するなかで、国民経済との齟齬が生じるようになってきた。影響がもっとも強く現れたのが、労働市場である。海外事業が拡大する下で国内事業所を維持するには、一方で研究開発投資の強化を通じて新製品などへの取り組みを活発化させ、新事業を国内で展開させる必要がある。新規事業のため、国内事業での労働コスト削減の必要性から、新規正規雇用の縮小と非正規雇用の拡大が同時並行的に進行することになった。結果、若年層などに低所得層が拡大し、国内市場の消費を停滞させてきた。こうした状況を改善するために、マクロ経済論的には、日本産業の国際競争論や日本経済の経済成長率をまずは、いかに高めるかに議論が集中してきた感がある。

他方、社会学的接近法では、結婚に対する社会認識そのものが旧世代とは異なるようになってきたとみる。現代の若者たちが結婚に対して、親世代の結婚観を意識しつつ、イメージ学習をどのように積み重ねてきたかを注視する。

かつての、〈卒業〉↓〈安定した就職〉↓〈年功序列賃金〉↓〈長期雇用〉を前提とした「ライフプラン」は、現在では、大きな変容を迫られている。もちろん、このようなライフプランは、一部の大企業の正規職では、依然として有効である。とはいえ、大企業でも非正規職の場合には、このようなライフプランの実現は困難になってきている。

また、かつての〈一定年齢での結婚〉↓〈家族形成〉というライフプランも必ずしも有効ではなくなってきた。大都市圏では単身世帯の生活を支える社会インフラや経済インフラも整ってきた。コンビニエンスストアは、字義通り、便利な生活インフラとなっている。単身であっても高齢世代を除いて、ある程度の快適な生活を営むことが容易になってきている。さらに、こうした未婚世帯が一定割合を占め、集団的な塊を形成することで、一定年齢で結婚をしないと肩身が狭いという「世間体」意識も揺らいできた。しかし、人口社会学の視点の下では、高齢化社会を支えるには、非高齢世代の人口増が必要である。これも現実だ。

この主の議論には、技術論が登場することも多い。要するに、人手不足を補うために介護現場へロボットを導入したり、さまざまな定型的な仕事に自動機器やロボット機器を登場させようという考え方である。

他方、移民の積極的な受け入れによって、人口増をはかり対処しようという、移民受け入れ積極論も展開する。だが、異なる文化や言語を持つ移民の受け入れは、将来において、深刻な社会的コスト負担につながると不安視する、移民受け入れ消極論もある。

移民をめぐっては、一時的な労働者不足による国内産業の労働コスト上昇を危惧する産業界から、積極論が示される。他方で、受け入れ側だけに都合のよい制度などはあり得ないとする消極論が対峙する。日本の出生率をもっと引き上げるために、とりわけ、若者層や子育て層に、より良い経済的条件の提供や、保育所など子育て環境を積極的に整備するべきではないかという声も強い。

人は誰しも歳をとり老人となる。そこに選択肢はない。だが、子供を生み、育てることは、個人における人生の選択肢になってきている。

「選択」という行動には、それに先立ってつねに比較学習による将来への認識―予測―がある。人は多くの選択要素の中から、もっと重要と思われることを暗黙裡に選び出している。結果的には、およそ二つの要素などを両天秤にかけているのではあるまいか。

かつては一定年齢になれば結婚することが当たり前であった。これを促す職場や、地域や親戚筋などの紹介というマッチング・サブシステムが作用した。出会いの機会の少ない人たちであっても、多くはお見合いで結婚していた。このような社会的システムは廃れ、結婚マッチングはビジネス分野となった。

いまでは、あえて結婚しない若者層も増えた。結婚への社会的圧力も、大きく「減圧」した。結果、結婚や出産に関わる経済的な要素だけが天秤にかけられることになったのではあるまいか。

いずれにせよ、高齢化社会は、高齢者層だけでなく、他の年齢層のあり方からも同時にとらえることが重要なのである。

1　エイジングと社会論

社会的動物である人間は、加齢とともに社会的な役割も変わる。その意味で、暦年齢は生物としての年齢でもあるが、社会的なものでもある。

私たちの社会はかつては生産と消費が同時並行的に展開する農業型社会であった。近代化＝産業化が、生産と消費が分離された都市型社会を生み出し、消費なくして生産の拡大が困難となる経済社会システムをもたらした。

その成果は、農村型の多産多死社会から都市型の少産少死社会への変化でもあった。かつての出産と死亡のパターンは変化した。社会学者の富永健一は『近代化の理論―近代化における西洋と東洋―』で、このパターン変化、とりわけ、「少産」の原因についてつぎの五点を挙げる。

（一）「農業などの自営業においてかつてそうであったように子供を家族内で労働力として使うというような多産のメリットがなくなったこと」。
（二）「教育水準が高まって育児のコストがたいへん大きくなったこと」。
（三）「女性の高等教育が晩婚化を招来したこと」。
（四）「女性が育児の負担を引き受けることをのぞまなくなったこと」。
（五）「育児制限の普及による自発的出産抑制が広範に行われるようになったこと」。

このうち、（一）は農業や漁業などだけではなく、都市型社会での自営業についても指摘できよう。町の小さな商店や工房に近いような町工場では、子供が小さいころから親の仕事を手伝うことで、小さな事業の競争力が維持された。家族の存在そのものが自営業の存立基盤であった。妻も家計補助的に、被雇用者の縁辺に組み入れられてきた。

現在、日本社会でも小さな事業＝自営業層は大きく減少した。自営業者たちは高齢になっても、身体が動く間は働くというかたちで、健康に応じて職業生活を続け、家族全体でその老後生活を支える、互恵的な小さな社会が、以前は形成されていた。また、自営業の高齢者は、忙しい現役世代に代わって地域社会の祭礼などの行事を支えることができた(*)。現在は、自営業者も核家族化によって、事業承継が困難となってきている。状況は大きく変わってきたのだ。

＊詳細については、つぎの拙著を参照。寺岡寛『小さな企業の大きな物語―もうひとつのエコシステム論―』信山社（二〇一九年）。

被雇用者＝サラリーマンは、定年という暦年齢で一括退職し、働く場を失う。定年後は、地域の祭礼行事などに参加したい人たちも多いが、通勤者であるサラリーマンには、地元での人的ネットワークが形成されておらず、地域行事への参加障壁は高い。高齢者こそ地域社会とのつながりが重要とされるが、一朝一夕にはいかない。

さて、先に掲げた五つの「少産」の原因は単独ではなく、複合的に作用してきた。それらの要因が時代により重なりつつ、子供をもつことの「消費」コストが高くなることによって、少子社会を到来させたといってよい。

他方で、医療や医薬品など技術進歩、公衆衛生、食生活の改善によって長寿化が進み、少子高齢化社会が生まれることになった。富永はつぎのように指摘する。

「今日では、高齢化は現代の社会問題の中心であるとともに、現代の社会変動の中心でもある……（中略）高齢化を現代の社会問題と呼ぶにしても、それは貧困問題のような社会問題とはかなりその性質が異なっています。貧困問題は社会階層（階級）の問題であって、……高齢化社会の問題は年齢階層の問題であり、……高齢者対策によって高齢者そのものを縮小することはできません。すなわち、貧困問題は分配問題であるのに対して、高齢化社会の問題は分配問題の面をもつとしても、もっとはるかにそれ以上の問題なのです。」

富永は高齢化を「意図されない社会変動」であるととらえたのだ。一方、少子化とは個別家計においては、自ら意図した結果であるとみた。そこにはパラドクスがある。個別家計において、子供を少なくもつことが、自分たちの家計の豊かさを維持、あるいは、拡大させるための選択であった。だが、このことが社会全体としては、意図せざる高齢化と少子化を生んだというわけである。

とはいえ、エイジングを経済的側面だけでとらえることには、是非がある。つまり、年金や医療費など財政的課題だけに、高齢化社会の問題を絞ってよいのかどうかである。富永は、この点を指摘しつつ、高齢化社会への「社会学的」展望について、高齢者の「社会的役割」を見直し、高齢者と高齢化社会の「精神性」と社会システムに、高齢者の占める場所＝生き甲斐―サクセスフル・エイジング―を見出すことを提案する。

2　エイジングはだれにでも平等に作用する。だれもがそれぞれの年齢やライフステージで、自分自身の生き方としてエイジングと対峙せざるを得ない。エイジングは社会全体の問題であると同時に、個人の問題でもある。退職後の長い老後生活を、経済的にどのように支え、あるいは、経済活動＝職業生活を離れたあとの社会生活をどのように送るのか、という個人の課題である。

高齢化社会という総論的なとらえ方では、単に長寿化や高齢者人口の増加といった面しかとらえられない。しかし、エイジングとは、それまでの組織人生での多忙な「生産」の時間から離れ、「消費」＝生活面から自分自身に向かい合うことでもある。それまでのバタバタしたペースから減速し、ゆっくりとした時間の流れの下で、自分自身と社会との関わりを再考する段階でもある。

こうした個々人のエイジング生活が群として、大きな影響を社会全般に及ぼしたのは、二〇〇七年ごろにいっせいに定年を迎えた「団塊世代」である。団塊世代へ、エイジングや高齢化社会について個別インタビューを積み重ねることで高齢化社会の在り方や未来をとらえてきた社会学者の小倉康嗣は、『高齢化社会と日本人の生き方―岐路に立つ現代中年のライフストーリー―』で、高度経済成長期の、社会の「進歩・成長」と「生産性／生殖性（結婚して家庭をもち、子供をもつ）」を目指すという枠組みの下で生きてきた壮年期の人たちは、年老いたときに、どのように自らを振り返るのかを問いかける。

この問いかけは同時に、近代産業社会とは何であったのか、という問いかけでもある。小倉はインタビュー記録を収録した浩瀚な著作の補論で「高齢化社会とは、いったどんな社会なのか」と、つぎのように問う。


「高齢化社会とは、いったいどんな社会なのか。それは、たんに『人間が長生きするようになった社会』や『高齢者人口が増えた社会』あるいは『介護や年金が問題となる社会』なのではない。高齢化は、『高齢者』という特定の人びとの限られた問題なのではなく、私たち一人ひとりの『生き方』や、私たちが生きている社会がまなざす『人間のあり方』と地続きになっている問題である。

　そもそも高齢化社会とは、近代産業社会の果実である。産業化が進み、物質的豊かさが達成されていくなかで長寿の一般化が実現した。……『再帰性』とは、文字どおり、自分（近代）が投げかけたものが再び自分（近代）に帰ってくるという反照作用を意味する。たとえば、貧困の克服をひとつの命題として近代を推し進め、物質的豊かさを達成したら、今度はその物質的豊かさそのものがもたらす貧困（環境破壊等）が問題となり、それによって近代化の存立基盤そのものが問い直されてくるという事態のごとくである。……このような歴史的なダイナミズムのなかで、『エイジング』が社会的に発見されることになる。」

とはいえ、エイジングには統一化され、画一化できる標準モデルがない。現実にあるのは、個別エイジング論なのかもしれない。小倉が個別インタビューに拘った理由もここらあたりにある。人が歳を重ねることはいつの時代にもあった。現在、大きな課題として意識されているのは、エイジングの中のさらなるエイジング問題かもしれない。

一口に六五歳以上を高齢者というが、高齢者のなかに、超高齢者がさらに重層的に位置する構造は、かつての高齢化社会とはやはり異なってきている。こうした長寿社会の状況の下で、加齢をより積極的にとらえようとする「向老化」という物言いがある。エイジングをより積極的にとらえる「向老学」という造語もみられる。

社会学者の上野千鶴子は、『老いる準備―介護することされること―』で、この造語について、まずは老人問題と老後問題のちがいにふれ、「『老人問題』では、『老人』を対象、つまり客体として研究する。しかもそのときの『老人』は、やっかいもの、お荷物としての老人、『問題』としての老人である。だから、第三者が老人について語るのではなく、わたしがわたし自身の経験について語ることが主題になる。そう考えてみれば、日本には思ったほど、老いるという経験を、自分のことばで語った人がいないことに気づく」としたうえで、つぎのように指摘する。

「このように、老人問題と老後問題とは、かたや客体として老人を扱い、かたや主体的な経験として老いを扱うというように、一八〇度違う。老人問題を扱う学問を老年学と呼ぶとすれば、老後問題を扱う、それどころか問題としての老後ではなく、積極的に老いるという経験をとらえようとする学問を、向老学と名づけるのは、卓越なネーミングだろう。老年学から向老学への移行を、パラダイム転換と呼ぼう。」

上野は「向老学」のあるべき方向性について、「年寄りにも能力がある。したがって価値がある、と主張する代わりに、能力がなくても、だれからも貶められずに生きていける社会をつくること……人間としての尊厳が失われない社会、そのような社会の構築こそが目標ではないだろうか」と指摘する。

当然ながら、人には歳とともに衰える能力がある。老いることにより、他人に依存する度合いは着実に高まる。そうであったとしても、加齢と人の尊厳が無関係といえないまでも、ゆるやかなものであれば、だれしもが老いるという事実とそれを受け入れることに、さほど悲壮感をもたないだろう。多くの人は、向老学により積極的な意味を見いだせるにちがいない。

エイジング学においても、向老学という視点を取り入れることにより、個々人の老いを相対化するとともに、その総体化への動きを加速させることが必要だ。

エイジングと若者論

1　国立社会保障・人口問題研究所から毎年発表される、日本の将来推計人口とその根拠となる合計特殊出生率―女性一人当たりの産む子供の数―は、少子化日本の深刻な将来像を浮かび上がらせる。「少子化」という言葉が登場するのは、平成四［一九九二］年版『国民生活白書』あたりからである。それまで出生率の低下が問題視されなかったわけではない。『国民生活白書』で少子化が明示的に取り上げられたのは、将来において確実に少子化が日本国民の生活に大きく深刻な問題を与えることが予想されていたからだ。背景に、この問題を自覚し、共有して欲しいという、国民に対する政府の意思表示があった。

少子化に関連させて、いつも浮上するのは、若者の結婚観への批判である。端的にいえば、なぜ、早く結婚して家庭をもち合計特殊出生率を引き上げるに足る子供を産み・育てないのか、この種の批判論である。これに対して、若者たちにも「老人論」がある。要するに、より良き将来への展望の下で、成人男子のほとんどが結婚し、住宅をもつことができ、女性は専業主婦として家庭生活を営むことが可能であった時代と、いまでは全く異なる。いまの時代、家庭を「もてる」者と「もてない」者の経済格差がある。また、若い時期に「就社」したとしても、かつてのように定年までの長期雇用と年功序列的賃金が必ずしも保証されない、将来生活への目途が立ちにくい。これは若者たちの潜在意識のようなものだ。

若者の低い結婚率や晩婚化が少子化をもたらしているとすれば、何が問題なのか。米国の社会学者ライト・ミルズ（一九一六〜六二）が「社会学的想像力」(*)の重要性を指摘したように、問題が個々人の主観的なものなのか、社会制度や社会体制など個人を超えたものであるのかどうか、それを問わなければならない。つまり、全体母集団からすればその事象がきわめて少数である場合、それは「個人問題の領域」である。他方、全体母集団のなかで決して低くはない割合を占めている場合、それは「社会問題の領域」である。

＊詳細はつぎの拙著を参照。寺岡寛『地域経済社会学―地域・人びと・想像力―』同文舘（二〇一六年）

換言すれば、「結婚したくないから結婚しない」というのは個々人の私的な選択肢＝個人領域の問題である。他方、「結婚したいけれども結婚ができない」というのは、そうした希望を達成するのに社会的な制約が存在しているのであり、この意味と範囲で、それは社会的問題ということになろう。結婚後についても、「子供を持ちたくない」と「子供を持てない」とではやはり異なる。

社会学者の山田昌弘は、『少子社会日本―もうひとつの格差のゆくえ―』で、「結婚しない人、結婚しても子供をもたない人、そして、結婚して子供をもつ人への分解が進行している」と現状をとらえたうえで、日本社会における少子化の原因をまずは経済的要因に求めるべきであると、少子化の背景のタブー論としての「経済格差」論＝「人並み生活」論をつぎのように展開する。

「結婚や子育てをめぐる経済要因が大きいにもかかわらず、子育て自体を放棄してしまう。つまり、もう子供への期待さえ失ってしまう例が多いのではないと考えている。……結婚や子育てをめぐる経済要因が大きいにもかかわらず、『お金』に関しては、いままで、十分な分析が加えられてきたとはいえない。『結婚や子育てに関わる問題をお金と絡めて論じることはいけない』という意識が、冷静な分析を妨げてきたのではないだろうか。」

たしかに、男女ともに収入の将来見通しが困難であれば、子供たちには自分たちと同様の、あるいは人並みの生活が保障されないと考える。

データ的には、高度成長期後半の一九七〇年代から晩婚化と未婚化が同時並行的に進行し始めていた。これは偶然ではない。この時期以降、農家の嫁不足、自営業の跡継ぎ不足、中小企業の従業員の結婚難が顕在化するのも、日本経済の構造変化の文脈の下でとらえておいてよい。

当時、晩婚化や少子化について、女性の社会進出が原因とされたが、山田は欧米諸国の実態も踏まえたうえで、この解釈は原因と結果の取り違えであると指摘する。

すなわち、「(女性の―引用者注) 就労率が上がっていることは、少子化、正確に言えば、未婚化の結果なのである。結婚したら働くのをやめようと思っている人が、結婚していないから働き続ける。だから、就業率が上がる。……結婚相手がみつからないまま年をとれば、二〇代後半、三〇代前半の女性の就労率が上がるというからくりである」と指摘する。これは山田の持論でもある「パラサイト・シングル」現象である。結婚しない結果、未婚女性が親の家計に依存しながらの生活に安定を求める、というわけである。

少子化に先立つ晩婚化・未婚化が単一的に経済的要因に依拠するとしたら、結婚年齢層の収入拡大によって婚姻率の上昇が期待できることになる。課題は、働き方や雇用形態が多様化し、所得階層が分化していることへの対応である。所得格差拡大の下で、産業間、企業規模間、地域間、男女間、雇用形態間の所得格差をどのように是正するのか。かつての日本型といわれた雇用慣行も、正規雇用と非正規雇用という雇用形態では大きく異なる。従来のような年功序列賃金体系にも成果主義が取り入れられ、単純なものではなくなった。

こうしたなかで、若者層が収入を増加させ、将来、家族をもっても安定的な所得を維持するには、個別企業の経営努力もさることながら、経済的・社会的環境の整備が必要である。それこそが政府や地方自治体の果たす役割でもある。

これは単に、保育所というインフラや育児休暇という制度の整備だけではない。大学までの教育費の負担が大きい教育制度の改善のほかに、新規学卒一括採用―チャンスは一度だけ―といったきわめて柔軟性に欠ける就職制度に代わる、年齢層を拡大させたより柔軟な就職活動―セカンド・チャンス―を支える制度を、官民協力の下に整備することが必要ではないだろうか。

2　少子化問題の深刻さが論じられて久しい。

実際には、一九七〇年代半ばには出生率も低下し始めていた。その後、多少変動はあるものの、低下傾向が反転する兆しは見られなかった。しかし、これまで、少子化対策が全く行われなかったわけではない。

平成六［一九九四］年に、保育対策を重視した「エンゼルプラン」（今後の子育て支援のための施策の基本的方向について）が発表された後、平成一一［一九九九］年に「新エンゼルプラン」、平成一五［二〇〇三］年に「次世代育成支援対策推進法」、「少子化社会対策基本法」、「子ども・子育て応援プラン」、「少子化社会対策大綱」に加え、待機児童問題の解消などへの取り組み案が示され、平成二七［二〇一五］年には「少子化社会対策大綱」が閣議決定されてきた。

こうした一連の政府の少子化対策について、社会学者の松田茂樹は『少子化論―なぜまだ結婚、出産しやすい国にならないのか―』で、「少子化対策」を「出産に至るまでの阻害要因を取り除き、出生率の回復をめざす政策である」としたうえで、「わが国の少子化対策は、全体としてみた場合、果たして有効なものになっていたのかという疑問が生じる」と問う。

松田自身は山田と同様に、若者たちの経済状況、とりわけ、雇用条件や雇用形態の変化を少子化の主要因として指摘する。つまり、少子化対策には子育て支援ではなく、未婚化の解消が重要であり、そのためには雇用の劣化に歯止めをかけること、非正規雇用者の所得の向上、地方における雇用の創出が重視される。

山田や松田の指摘のように、政府―地方自治体も含め―の保育所整備などのさまざまな取り組みにもかかわらず、少子化傾向に顕著な好転がみられていない。この背景には、働く若者層の雇用条件の改善が進まなかったことがあるとみてよい。

少子化対策は、生まれた子供たちへの支援もさることながら、結婚し子供を産み育て上げることに大きな希望を見出せない、日本の労働市場の構造改革に課題がある。このことを再確認しておく必要がある。

エイジングと悲観論

1　エイジング悲観論の典型は、大別すればつぎの二項目あたりに集約できよう。

（一）年金など社会保障費の増大による政府財政の破綻。

（二）経済成長することで少子高齢化社会を支えればよいのだが、現実的に生産労働人口の不足が大きな束縛となっていること。

まず、（二）の生産労働人口の減少については、二つの個別論が付随する。一つめは国内市場の縮小論＝悲観論である。二つめは縮小する国内市場に代わる輸出市場開拓論＝楽観論である。ただし、これにも輸出市場困難論＝悲観論もある。いずれにせよ、悲観論が支配する。

（一）の典型的な論者は、英国の経済ジャーナリストのポール・ウォーレスであり。彼は、「アースクウェイク（earthquake）」に例えた「エイジクウェイク（age quake）」という造語で少子高齢化悲観論を展開する。

ウォーレスは『エイジクウェイク―事業、金融、そして私たちの世界を揺さぶる人口統計学のローラーコースターに乗る―』（邦訳『人口ピラミッドがひっくり返るとき―高齢化社会の経済新ルール―』）で、米国の社会学者の「人びとは生年月日に支配される」という表現を引用したうえで、世代間の競争、世代ごとの年齢と密接に結びついた価値観の変化を明らかにしようとする。

ウォーレスは先進諸国での高齢化の進展を見据えたうえで、「公的年金は確実に破産の危機をむかえる」と主張する。日本、ドイツやイタリアなどでは出生率が上昇する見込みも少なく、ベビーブーム世代層の厚さによって貯蓄額の上昇や株式市場への投資ブームが起こり、小売業の浮き沈みが起こったように、今後もまたこうした人口動態が社会や経済のあり方に影響を及ぼし続ける。人口構成の変化により労働人口が減少することで、低成長を余儀なくされ、公的年金問題を抱えることになる日本などについても、「政治家の言うことを真に受けるな」と警告して、つぎのように指摘する。

「年金を新たな人口統計に見合ったものにする必要は差し迫っているのだが、ほとんどの国の政治家は、思い切った決断を避けてきた。主な例外はイギリスだ。こそこそと導入してきた改革が、年金削減にすばらしい効果を上げている。他の国では、あいかわらず年金公約は気前がよすぎて、究極的にはまかないきれない。これまで試みられてきた改革を、じっくりと冷静な目で見るがいい。そうした試みを点検してみても、タバコの箱に書かれた健康への注意書きと同じように、『公的年金は財産に危険をおよぼす』とはっきり明示すべきだ、と思えないとしたら、それは改革の名に値しない。」

たしかに、北欧諸国をはじめ欧州では、年金支給年齢の引き上げやベーシック・インカム制度(*)の検討などが進められてきた。背景には、年金や医療保険など社会保障制度の維持が強く意識されている。現在の若者たちは、現在の年金受給者よりも長く働く時代がやってくるに違いない。

＊フィンランドのベーシック・インカム制度実験については、つぎの拙稿を参照。寺岡寛「フィンランドのベーシック・インカム制度実験」中京大学企業研究所『企業研究』第三九号（二〇一七年一二月）

この点は、前掲（二）に関わる論点である。年金制度の維持のためには、制度を支える経済的な基盤が必要であり、一定の経済成長がその前提条件である。この種の経済成長論には、「生産性向上論」と「イノベーション論」が融合化され論じられる。すなわち、先進諸国においては生産性の上昇を促すことのできるイノベーション、従来からの自動化・省力化機器の導入に加え、人工知能の応用やインターネットによるモノづくりの工夫などが強調されてきた。

しかしながら、生産性向上による生産力拡大＝経済成長率の引き上げは、消費市場とのマッチングがあって、はじめて可能である。高齢化によるモノからサービスへの消費の移行は、モノづくりそのものの考え方の転換を促す。これに異論は少ない。サービス経済化する国内市場に対して、モノ経済の国外市場の開拓が進められてきた。しかし、現実は、モノづくり自体の国外移転が顕著であって、現在では製造企業の生産体制は、日本の場合、アジア全域に展開している。したがって、企業と国家との関係も、企業の大小にかかわりなく越国境的になってきている。

この意味では、少子高齢化など人口構成の変化を単に国内的文脈でとらえるのではなく、世界的な文脈のなかでとらえるべきで、一律に悲観的にとらえることも見直される必要がある。

2 「少子高齢化」のもたらす影響は、地域によって必ずしも同一ではない。また、同じ過疎化地域でも、移動可能な世代と移動が困難な世代では、少子高齢化は異なる意味をもつ。

過疎県に挙げられるのはもっぱら東北地方や山陰地方である。このうち、秋田県は人口が数年前に百万人を切り、今後の人口減少にも歯止めがかからない予想が発表されてきた。将来人口推計では、現在の約九八万人の人口が今後二五年間で約六〇万人あたりまで減り続けるとされる。結果、秋田県下の都市の高齢化率の上昇も顕著となる。

こうした人口減少は自然減の部分もあるが、出生率の低下や若者層の県外流出の影響が大きい。県外流出した若年層には、他地域への移動を望んだ者もいれば、移動せざるを得なかった者もいる。そこには個々人のさまざまな事情があるが、働く場の喪失が大きな理由であることは間違いがない。こうしたなかで、行政側も手をこまねいて人口減少を傍観していたわけではない。

「地方創生」、「地域再生」、「町おこし」というスローガン(*)の下で、産業振興(開発)策が行われてきた。かつての高度成長時代にはこの種の産業振興策は大きな経済効果を生んだ。だが、現在のような縮小経済の下で、はたして、企業誘致によって働く場をつくりだし、そのことにより、若者を地元に引き止め、あるいは県内地域から人口を吸引することができるのかどうか。働く場ができたとしても、実際には、地域内の出生率をあげ、地域内の人口そのものを増加させるのではなく、近隣地域の人口減少を促す可能性が高い。いわゆるゼロサムゲームである。こうした他地域からの人口を引きつけることによって、他地域の人口減を加速化させる近隣窮乏化政策となる側面は、無視できない。

＊「地方創生」は、第二次安倍政権の下で掲げられた政策スローガンである。やや言い古された感があるが、東京一極集中是正をはかりつつ、地方人口の減少・流出に歯止めをかけることが政策目的とされてきた。地方自治体に対し、積極的な雇用創出や若者世代の結婚・出産・子育てを促進するような地域活性化戦略の実施を求めた。政策手法としては、従来通り、交付金による誘導である。「地域再生」は、小泉政権下の地方活性化政策として、地方自治体が主体的に地域再生構想を立案、国は補助要件の改善などを通じて、地方がその実施に自ら取り組むことを促した。「町おこし」は、従来の村おこしになぞられた造語であり、正式な政策用語ではないが、現在では多くの地域で地域活性化の総称として使われるようになった。

また、「町おこし」として、観光施設の誘致や観光キャンペーンなどのイベント開催によって一時的に国内外の観光客を増加させることができても、他地域もまた同様の政策を取ることによって実際の効果は減殺される。こうしてみると、拡大経済の下での政策には、縮小経済の下では必ずしも同様の効果が期待できない。少子化への対応策に先立つ、若者層の雇用対策などに有効な手立てがなかなか見いだせないもどかしさがある。

悲観論＝閉塞感が、自分たちだけの独り善がりの地域振興へのこだわりを生み、それがむしろ近隣窮乏化を呼び起こしている。そうだとすれば、発展著しい情報通信技術によって地域を超えた連携や協働によって、互恵的かつ補完的な関係性を生み出す可能性を探るべきではないだろうか。チャンスはつねに関係性をどのように構築するかという人びとの意識のなかにある。これは高齢層と若者層との関係性を見直すことでもある。

さらに、資金循環からみれば、高齢層の貯蓄から中堅層や若者層への投資へと資金がうまく循環できていないことが、私たちの経済をより一層縮小化させている。国内において貯蓄から投資への転換には、その地域の産業や企業などが他地域との関係性のなかで活性化していることが前提となる。実際には、現在の悲観論=閉塞感は、私たちが確固とした未来観をもてないことにも起因している。この意味でもエイジング学の重要性は高まっている。さまざまな分野の専門家が地域の人びとと共にその知恵をエイジング学へ結集する必要があろう。

エイジングと楽観論

1　ここまで、悲観論を展開してきた。だが、案外、悲観論も楽観論もさほどちがいはないのかもしれない。対象とする事象や現象は同じで、それをどう解釈するかだけである。よく引用される比喩もある。ウィスキー・グラスの残量をみて、「半分も残っている」とみるか、「半分しか残っていない」とみるか、である。前者が楽観論、後者が悲観論というわけである。

相違点は、現象を見る側の意識と行動である。先の悲観論では、高齢化する社会において、私たちが確固とした未来観を持てていないと指摘した。それは、「働くこと」と「働かないこと」の対比が、労働人口層である若者層・中堅層と高齢者層といういわゆる従属人口層との対比に、等値されるからである。これは、あまりにも人間の経済活動だけに偏した見方でもある。

このような見方に抗したのが、経済は人間の生活の中の一部分にすぎないとする「社会有機体」説を主張したルドルフ・シュタイナー（一八六一〜一九二五）である。シュタイナーの考え方が明確に示されているのが、第一次大戦末期のスイスのドルナッハでの講演である。この講演は『社会の未来―シュタイナー一九一九年の講演録―』（高橋巌訳）に収録されている。

第一次大戦で疲弊したドイツ国内では、大衆的蜂起に端を発したヴィルヘルム皇帝の廃位、いわゆるドイツ一一月革命(*)が起きた。結果、ヴァイマル共和国が樹立されたが、その主導的な人材にユダヤ人が多かったことから、ヴァイマル体制は内に反ユダヤ主義を抱えたままの船出となった。シュタイナー講演の背景には、そのような状況があった。

＊第一次大戦末期の一九一八年一一月三日、ドイツ帝国のキール軍港で水兵の反乱が起こり、これに呼応して大衆蜂起が起こった。これを契機にドイツ皇帝が廃位したのが、ドイツ革命である。ドイツでは一一月革命と呼ばれる。ドイツでは議会制民主主義の政治体制をとるヴァイマル共和国が生まれた。この革命の指導者にユダヤ人が多かったことから、ドイツ民族主義者はユダヤ人と共産主義者が背後にいるとして、以降、反ユダヤ主義が高まっていくことになった。

シュタイナーは、講演「ドイツ民族と文化世界に訴える」で、敗戦の瓦礫の山と化したドイツ帝国の「悲劇の原因」は何かと自問し、自己反省なくして「ドイツ民族の未来の見通しは立てられない」、「社会構造をできるだけ意識的に把握することが時代の使命」であると強調した。シュタイナーの提唱した「社会有機体」説は「精神組織」、「政治組織」、「経済組織」の均衡の上に立ったものであった。

この見方は、今日、社会の人口構成、とりわけ高齢化によって変化する社会を「精神」（文化）、「政治」（法律）、「経済」によってとらえ、その新たなあり方を模索する上で重要な視点を提供している―シュタイナーが当時、それを意識していたかどうかは別として—。「働く」ことがもっぱら経済行為＝貨幣経済に偏して理解されてきた近代社会では、経済活動＝生産者に寄与しなくなった高齢層は、もっぱら消費者としてだけ見られがちである。しかし、シュタイナーは、その後の講演でつぎのように説いている。

「大切なのは、経済生活に依存させられている法的、精神的生活を自立させることなのです。経済生活をまず別様に形成しなければならない。そうすれば他の社会問題はおのずから解決できる、という近代社会主義的な考え方が支配するなかで、私たちは今あらためて、次のように問いかけなければなりません。法生活や精神生活の領域でどんな状況が創り出されねばならないのか、人間にふさわしい生き方が可能な経済状態は、精神生活と法生活をどのように変革できれば可能になるのか、法生活、精神生活をますます経済生活に依存させていくのではなく、どうすればその依存性から抜け出せるようにできるのか、そう問わなければならないのです。

　こう問うことは非常に重要です。なぜならそれによって、現代の社会問題にとって何が障害であり、どんなドグマが数百年間に創り出されてきたかが明らかになるからです。」

シュタイナーはこのような鋭い問いかけの先に、個人の創意＝精神生活の重要性を繰り返し強調した。個人の創意尊重に視点をあわせ、当時のソビエト連邦下の社会主義の問題点を探りつつ、帝政から共和制へと移行しつつあったドイツのあるべき民主主義の原理を見いだそうとしていた。シュタイナーがつぎのように述べたのも、この文脈に沿ったものであったと思われる。

「経済人としての意識から法律を作るのではなく、まず現実的な地盤を作り、そこでの人びとが感情の働きによって、生活状況を法的に正しく変化させるのです。経済生活と並んで、もうひとつの現実が作り出されるのです。そうすれば、法はもはや経済生活の上部構造となるのではなく、独自に形成された社会有機体のなかで現実を作ろうと努めるでしょう。そのときには、経済生活を変化させれば、必要な法概念が獲得できるなどとは思わなくなるでしょう。このような現実のなかからこそ、経済生活を支配できるほどにまで力のある法の独立した地盤が、人間関係を通して創り出されるのです。」

シュタイナーにとって、一般的な意味の「働く」＝経済生活とは、人が「働く」ことの一部であって、個人の精神活動もまた彼のいう「働く」ことの一環であった。近代社会＝資本主義社会においては、前者の活動だけが突出したことが、危機と行き詰まりを生じた。その結果、人びとの精神だけでなく、法やこれを支える法思想もまた「経済生活の構図に飲み込まれてしまった」ととらえた。

この意味では、経済生活における「働く」ことから離れる高齢者の精神性は、社会をより均衡のとれたそれへと転換させる可能性を高めるのではないか。シュタイナーの勤労観へ着目すれば、わたしたちはエイジングをより楽観的にとらえられるのではないだろうか。

冒頭のウィスキー・グラスの喩えにもどるなら、経済的＝財政的側面だけに注視して、苦境に陥る社会を悲観するのか、より精神的＝社会的、かつ政治的＝法的にバランスの取れた社会への移行を楽観的にみるか、である。これについては、シュタイナーが持論の「社会有機体三分節化」論を持ち出し、「特定の人間の主観的な要請なのではなく、近代における歴史的進化を客観的に考察することによって得られた衝動なのである。すでに数世紀以来、人類は無意識のうちにこの三分節化を求めてきたのですが、それを本当に実現できる力を見出せずにきたのです。……法や国家や経済に依存しているこんにちの精神生活は、本来の実り豊かな、自由な精神生活から切り取られた一片の精神活動にすぎません」と指摘する。

シュタイナーは、これら一連の講義でエイジング社会に直接ふれたわけではない。彼は社会有機体＝社会の下では、法律や政治、そして人びとの精神が「経済生活」のみに偏することを危惧したのである。重要なのは、この点である。この危惧感は一世紀の時を超えて伝わってくる。経済生活だけへのこだわりは、社会をむしろ不安定化させる可能性を高める。シュタイナーはそれを鋭い感性を通じて見抜いていた。だからこそ、シュタイナーはこの点を繰り返し説いたのだ。

さらに、彼は経済生活のみに偏した交換社会の下では、「自由な精神生活を不自由なものにし、それを社会から疎外し、そして社会そのものを単なる経済社会にしてしまったのですから、……今日の人類のきわめて強い内的衝動は、交換社会を、特に経済の領域で、私が共同利益社会（Gemeingesellshaft）と名づけるものへ移行させようとしているのである。……新しい事態に対しては、一般に適切な名称を日常語のなかから見出すのは困難なので、こんな呼び名になっているのですが、交換経済は共同利益体へ移行しなければならないのです」とも指摘した。

ドイツの社会学者フェルナンド・テンニェス（一八五五〜一九三六）はゲマインシャフトとゲゼルシャフトという対を為す社会概念を提唱した。テンニェスは、ゲマインシャフトを人びとのもっとも自然かつ本来的な意志―本質意志―に基づく社会構成体としてとらえた。その典型は血縁社会としての家族、地縁社会としての村落などである。他方、ゲゼルシャフトは、経済的利益などの契約関係＝合理主義的な選択意思に基づいた社会構成体としてとらえられた。企業などがこの典型である。

シュタイナーは、テンニュスのいうところの相反する二つの社会構成体を統一体とし、「共同（体）利益社会」という造語で、未来の社会＝新しい社会秩序をとらえようとしたのではないだろうか。シュタイナーは、六日間にわたったこの連続講演をつぎのように締めくくった。

「人々が未来へ向けて新しい社会秩序を形成する必要を理解したとき、つまり古い暴力利益社会や現在の交換利益社会の代わりに、共同利益社会を形成する必要を理解したとき、はじめてその可能性が見えてくるでしょう。」

私たちは、歴史上経験したことのないエイジング社会を迎えようとしている。シュタイナーは、かつて経験したことのない総力戦という悲惨な破壊と殺戮の後の欧州社会の混乱の下で、新たな社会秩序＝社会の未来を共同利益社会に見出そうとした。シュタイナー同様に、私たちもまたエイジングという新しい社会秩序を、悲観的ではなく、むしろ楽観的な態度で建設的にとらえる必要があるのではないだろうか。

シュタイナーのいう「共同利益社会を形成する必要を理解」するきっかけが、高齢化社会問題であり、それを広く社会全体で共有化できたときに、わたしたちの成熟社会が拓かれてくるのではないだろうか。

2　「働く」ことの意味を高齢者の視点から積極的にとらえる。そのことがなければ、新たな展望は開けてこないだろう。

現在の高齢化社会論での最大関心事は、「働くこと」と「働かない」ことの対比そのものにある。高齢化社会、より正確には超高齢化の「総介護社会」化において、現在の介護保険制度の維持には、介護保険料の引き上げが不可欠である。その先にある政策論には、介護保険を誰が支えるかという問題が横たわる。つまり、「働く」人たちが「働かない」人たちをどう支えるのか、である。この種の議論は一方で乱暴な見方を引き寄せやすい。

「働く」人たちには、働き方と所得水準の問題と課題がある。他方、「働かない」人たちについては、「働けない」ことの内実を見ておく必要がある。「働く」意志もあり、健康状態であるにもかかわらず、その機会が与えられているのかどうか、あるいは、実際に「働けない」のかどうか、である。

暦年齢での一律定年制度はすでに見直しの動きが顕在化してきている。考えてみれば、経営者のなかには七〇歳代どころから、八〇歳代でも活躍している人たちもいるし、技術者や技能者でも同様である。

超高齢化社会になれば、より長く健康的に働く工夫と制度的な支援が重要となる。要するに、働く意志がある限り、社会を支える側に居続けることが必要となってきている。そうでなければ、現在の介護保険制度の維持がますます困難となることは必定であろう。早くから介護問題に取り組んできた小竹雅子は、『総介護社会―介護保険から問い直す―』で、超高齢化社会において「介護問題の社会化」が一層進展していくなかで、社会をささえる仕組みづくりに早期に取り組む必要性を説く。

とりわけ、高齢者の場合、家計のなかで生活費などのほかに、「介護サービス」への支出を確保する仕組みが必要となる。現在でも、生活保護世帯の半数が高齢者世帯であることを考えると、介護される方と介護する方の双方に問題と課題があることは自明であろう。エイジング社会に関しては、悲観論が楽観論をつねに上回る。しかし、エイジング社会へのシフトを、あくまでも前向きにとらえ、楽観論を支持できる政策的な工夫が必要である。楽観論支持の政策論を展開するには、いくつかのハードルを越えなければならない。

一つめは市場原理の下で、受益者負担とは異なる制度の構築をどうするかである。

高所得者は有料老人ホームなどの利用が可能である。高所得層は経済的に高負担に耐えることができよう。課題は、このような個別対応が困難な所得層への支援制度をどのように設計するかである。たとえば、高齢者の健康保持のための予防医学や生活システムの構築はその一環になりうる。
それでも人は歳を取り、やがて、介護が必要となる。要介護者の数は今後間違いなく増加する。それにともなう介護サービスに従事する介護職員の確保をどうするのか。人材確保のためには他産業との比較において、給与面や労働条件での改善が求められる。介護職からの離職者数の多さは、現場の厳しい労働環境を反映している。介護職員やホームヘルパーなどの給与は介護報酬から支払われるが、要介護者の自己負担増と介護保険料の引き上げなどはどこまで可能だろうか。

小竹が警鐘を鳴らすのは、家族がそれまで無償で提供していた介護―ある種の「含み資産」―が、少子化の進展の下での一人世帯の増加によって、ますます有償化へ進むことである。その方向を是とする国民的合意の形成に関しては、支える側と支えられる側の構成比の変化が大きく作用するにちがいない。支える側の比率が低下すれば、支えられる側の工夫と費用負担が促される。とりわけ、支えられる側の支える側に対する工夫が求められる。

小竹はいう。「家庭のなかにとどまっていたさまざまな困難と課題が明らかになり、広く社会で共有されるようになりました。その意味では、『介護問題の社会化』は実現されたと思います。（中略）……いま、必要なのは、『健康ではない期間』の暮らしを公的にサポートすることだと思います」と。介護保険の費用捻出の政策的工夫も一層重要となる。わたしたちにはさほど十分な時間が残されていない。

第三章　エイジング経済学

働くことには、支払われる給料よりももっとたくさんの意味がある。働くことによって、社会とかかわることができ、自分が社会に貢献している感覚が得られ、家庭内のゴタゴタから一時避難することもできる。

（ケイトリン・リンチ（平野誠一訳）『高齢者が働くということ』ダイヤモンド社）

経済学的接近方法論

1　経済学的接近といった場合、何をもって経済学的かを明示する必要がある。すこし教科書的に経済学的接近方法を定義しておこう。

『岩波現代経済学事典』によれば、「経済」とは「人間の生活の基礎である物質的財貨の生産・分配・消費の過程と、それにともなって生じる人間の社会関係」であり、「経済学」とは生産・分配・消費に関わる

「法則性」や人間行為の分析―社会関係―に関わる学問である。そして、アルフレッド・マーシャル（一八四二～一九二四）以降のいわゆる近代経済学においては、経済学的接近とは「市場での価格に、経済主体がいかに適応するならば合理的であり、それによって市場での均衡を明らかにしようというものであった」。ジョン・メイナード・ケインズ（一八八三～一九四六）以降の経済学においては、具体的には、貯蓄・投資・所得などの関係が数的把握され、その諸関係の分析が重視されるようになった。他方、いわゆるマルクス経済学においては、経済とは経済主体の生産・分配・消費の諸関係であり、経済学的接近法とはこの諸関係を明らかにすることにほかならない。

しかしながら、熟考してみれば、人は市場における生産・分配・消費に関わる役割を演ずるだけではない。市場以外でもさまざまな役割を果たす存在である。カール・ポランニー（一八八六～一九六四）の指摘を俟つまでもない。人は経済的役割を果たすだけではない、社会的存在である。経済のなかに社会が埋め込まれているのではなく、経済が社会の中に埋め込まれている。経済人類学や経済社会学は、もっぱらこの視点を重視する。

エイジングを純粋に経済学的な接近方法からとらえれば、あまりにも抜け落ちる課題が多い。人びとの市場行動に着目するだけでは、エイジングに関わる諸問題の解決策がすべて出そろうはずはない。経済的課題だけを分析対象とすれば、プライス・ベネフィット分析に偏するケースも多くなる。もちろん、それは重要な分析方法の一つであるが、それだけでは抜け落ちる領域がやはり多い。人は市場合理的に行動するだけでなく、慣習などの社会的規範や伝統文化といった価値観の下でも行動する。社会は、さまざまな価値観―非市場性―の総合体として成立している。

個別の地域社会は、そうした非市場的な行動原理によっても統合・維持されている。互恵的な関係や非貨幣的な行動—ボランティア活動も含め—があるからこそ、経済原理による軋轢なども緩和されている。このことを決して忘れてはならない。経済的合理性の貫徹する領域は、非経済的な社会原理によっても維持されているのだ。そこにはつねにパラドキシカル—逆説的—な関係性が作用する。これはわたしの基本的な経済社会学的見方である。(*)

*経済社会学的アプローチについては、つぎの拙著を参照。寺岡寛『比較経済社会学—フィンランドモデルと日本モデル—』信山社（二〇〇六年）、同『地域経済社会学—人びと・地域・創造力—』同文舘（二〇一六年）。

エイジングへ経済学的な視点を強調して、従来の経済学を再構築する試みを、「エイジノミクス」というならば、吉川洋や八田達夫たちが、この考え方の重要性を提唱する研究者である。吉川たちは、「高齢化は厳然たる事実だが、これをイノベーションのチャンスと考え、さらなる成長の機会をとらえることを出発点としよう。……エイジノミクスが提唱するのは、日本の新しい経済成長モデルである」と主張する。ここでは一貫して超楽観論が展開される。繰り返し提示される鍵概念は、「イノベーション」である。より正確にいえば、消費市場牽引型イノベーションが、日本経済の成長を維持・拡大させるとみる。

たしかに、高齢者の増加が新たな問題を生むことで、それらの解決を促す製品やサービスの需要を喚起する。たとえば、高齢化に伴う認知症などの疾患への医薬品、介護施設での介護ロボット、情報通信技術を応用した遠隔診療システムなどの開発を通じて、これらに関連する市場が拡大する。こうした高齢者の増加が、あらたなイノベーションを誘発させ、一体の経済成長を可能にさせるという楽観論は、はたして、そのように単純なものだろうか。

2　繰り返しになるが、エイジングに関する数字（データ）を確認しておこう。日本社会は確実に高齢化しつつある。六五歳以上の人口は今後一〇年間ほどで三〇％、七五歳以上の人口は六〇％ほど増える一方で、一五歳〜六四歳の労働人口は、同時期に三〇％ほど減少する、と予想されている。

昔と異なり、栄養や衛生面の改善に加えて、医療の進歩によって、いまでは六五歳といっても心身ともに若い。とはいえ、七〇歳代半ばになると、個人差はあるものの、統計的にみても疾病率は高まる。ただし、昔と現在では高齢者の社会環境は大いに異なる。

少なくともわたしの世代―六〇歳代半ば―の若いころの高齢者は、二世帯、場合によっては三世代同居の家族の中で、歳を重ねた。現在では、子供や孫たちと同居する高齢者の比重はきわめて低くなった。この四〇年間あまりで、かつては七割だった高齢者の子供との同居率は、四割を切りつつある。その分、高齢者だけの世帯―夫婦世帯と単身世帯―は全体の半数以上へと達する。一世代入れ替われば、人口動態あるいは年齢人口の変化によって、世帯という概念は一緒でも、その中身は大きく変わる。

子供や孫に囲まれ、次世代の世話になりながら老後を過ごすという世帯は少数派になってきた。高齢者が高齢者同士あるいは単身で、ホームヘルパーの助けを借り、あるいは介護施設において老後を過ごすパターンが定着しつつある。それには、年金やそれまでの貯蓄などの金融資産の切り崩しによる家計の維持が前提となる。経済を消費面からみると、日本経済はいまや、人口構成の中で大きな比重を占める高齢者家計に大きく依存する構造になりつつある。

高齢者市場を重視するエイジノミクス論を展開する吉川たちの積極論からすれば、消費市場の対象は、たしかに高齢者の消費ニーズに沿ったものになる。そのような消費市場牽引型イノベーションが生起する可能性もある。しかし、それはあくまでも総論である。個別論では、高齢化社会対応型イノベーションが製品やサービスを生み出しても、多くの高齢者がそれらを「購入」できるかどうかはまた別の問題となる。セイの法則のように、供給が需要を創り出すとは限らない。

他方で、需要は供給を創り出す。従来は、家族制度のなかで、無償で家計内消費された介護が、家族を構成するメンバーである子や孫世代の少子化によって、外部市場化される。家族形態の変化が、介護をサービス品化し、介護サービスは消費されるものとなった。こうした消費変化は、医療や介護、高齢者向け商品やサービス面での需要を喚起させた。そして、医師や看護師、作業療法士、言語聴覚士、管理栄養士など従来の医療分野の専門家たちに加え、介護支援を専門とするケアマネジャーやホームヘルパー、デイサービスや介護施設で働くさまざまな人びとの雇用を生み出してきた。

特に、平成一二［二〇〇〇］年の介護保険制度のスタートによって、介護支援職の雇用規模は二〇〇万人近くまでになってきている。雇用創出面からすれば成長産業ということになる。まさに消費市場牽引型ビジネスである。しかし、こうした介護職の八割近くが非正規・非常勤職である。訪問介護を担うホームヘルパーの女性比率は高く、この担い手層の高齢化も著しい。

構図的には、高齢者夫婦世帯では家庭内の老々介護、外部においてもホームヘルパーの高齢化によって老々介護になりつつある。この傾向は、消費市場牽引型イノベーションという面では、作業負担軽減のためのアシスト補助具や健康医療関係の創薬、健康維持商品などの開発を促す。実際、多くの企業がこの種の機械の開発に携わるようになってきている。そのような製品などが、介護サービスに関わるコストを引き下げ、他方で介護に関わる非正規者の賃金や勤務条件などの雇用条件を改善できるのか、今後の進展を注視しておこう。

消費市場牽引型イノベーションとは、単に技術革新などの狭義面ではなく、社会制度面での革新を促すものでなければならない。社会のなかで高齢者が増えることが、決してマイナスではなくプラスになることを経済的に可能にさせる社会的仕組みづくりを促すことである。

1　エイジングと経済論

エイジング経済論は、さまざまな専門家によって展開してきた。先に論じた経済理論家の見方に関しては、市場経済制度だけでエイジングへの対応が可能なのかどうか、これが論点である。これは何もエイジングに限ったことではない。

自然相手の農業においては、他の地域で成功を収めた農法が、地形と気候が異なる地域でそのまま適用できるわけではない。農業だけでなく、林業や水産業でも環境適応型の技術や技能が大きな鍵を握る。グローバルスタンダートの農法や技法などは、外交交渉やイデオロギーの場においてだけ論理的に可能であるにすぎない。

同様に経済論としてのエイジングも、地域―この地域的空間範囲をどのようにとらえるかはきわめて複雑であるが―ごとに大いに異なる側面がある。国や地域が異なれば、エイジングの社会的価値観も変わる。このことを忘れてはならない。

身近なところでは、町づくり論もそうだ。町づくり―交通論も含め―の専門家の見方や認識は実にさまざまである。必然、提示される解決策も多様だ。政府主導の問題点が指摘されるのは、補助金欲しさの横並びの町づくりである。現在もそれが何の反省もなく、繰り返されている。

今は、商店街の今後についても、個別経営論の範囲をはるかに超えて、中心市街地の衰退、空き家問題を含めた土地問題がその根本にある。人口増大に応じて拡張させてきた都市インフラ—道路、上下水道、交通システム、公共施設等々—を、人口減少の下で今後どう維持するのか、場合によっては、縮小させるのか。言葉遊びのようなコンパクトシティ論だけで済まされない課題も多い。

他方、荒廃する一次産業と農村・漁村・山村に関わる過疎問題もある。ただし、過疎問題に関しては、誤解が生じやすい。過疎に伴う空き家問題やインフラなどの問題は、農村などに限らず、都市の内部問題でもあることは等閑に付されがちである。(*)

*むしろ、人間関係が希薄な都市社会で、問題は深刻化する。とりわけ、住民間の関係がうまく構築されなかった新興住宅地—いわゆるベッドタウン—では、「小学校区」などが高齢者の新たなコミュニティになる可能性がある。たとえば、さまざまな専門家からなる「二〇五〇研究会」は、二〇一五年に「二〇五〇年　超高齢社会のコミュニティ構想」でつぎのように解決策を探っている。

「すべての小学校区、元気な高齢者、そして『集いの館』。この三つが提言『二〇五〇年　超高齢社会のコミュニティ構想』の柱である。全国一万五〇〇〇の小学校区すべてに、元気な高齢者が運営主体となる、九〇坪の『集いの館』を展開する。『集いの館』はその日の食べ物と日用医薬品を提供するコンビニ業態の三〇坪の『お店』、ワンストップであらゆる暮らしに関わる相談に応じる『よろず相談デスク』、ゼロ歳から百寿者まで老若男女だれもが気軽に立ち寄り、触れ合い、支え、支えられ、のんびりと過ごすことのできる「フリースペース」六〇坪で構成される。

『集いの館』は血縁ではなく地域の結縁で生まれる『地縁』家族の『家』でありプラットフォームである。元気な高齢者がチームを組んでお店を運営し、あらゆる暮らしの相談に応じ、日常生活上でサポートを必要とする高齢者、子育てファミリー、幼児、学童を支える。それが『集いの館』のビジネスモデルと組織モデルの核心だ」（若林靖永・樋口恵子編『二〇五〇年　超高齢社会のコミュニティ構想』岩波書店、二〇一五年）。

たしかに、従来の家族などの制度が大きく変容しているなかで、家族など血縁に代わって、地域の中の「地縁」が健康づくり―栄養、運動、社会参加―の身近な拠点となる可能性がある。全国的に展開してきたコンビニエンス・ストアなどの「公的」役割も大きくなる。

地域経済の観点からエイジングと町づくりの関係性をとらえたとすると、百の地域があれば、百の地域に共通した問題と異なる課題がある。だが、その中にも、絞り込むことが可能な問題と課題もある。重要なのは、地域ごとの自問自答への意識である。各地域での自分たちの問題と課題を、自ら克服しようという自覚が求められるのではあるまいか。たしかに、戦後の中央集権的な制度設計で得たものは大きい。とはいえ、同時に失ったものも多かった。

もちろん地方分権の制約もある。限界集落論が取り上げられるにつれ、地方の力だけの対応策には限界も論じられるようになった。他地域との連携なくして、問題解決はすでにむずかしい段階にある。狭い地域ではなく、より広い地域の問題として論じられる必要がある。その調整役としての中央政府の役割はむしろ高まる。

限界集落論については、民俗学者の宮本常一（一九〇七～八一）の指摘も俟つまでもなく、〈限界集落→離村→廃村〉のサイクル論が以前よりいわれている。豪雪、山崩れや川の氾濫などの起こる危険地域では、昔から離村は繰り返されてきた。これらは市町村合併などで行政基礎単位を拡大させて、すぐに解決できる範囲の問題ではない。

災害には、農業や林業の衰退が大いに関係する。地域の主要産業が衰退することで、山や用水路の整備などがなおざりにされ、災害がより深刻な状況になったケースも多い。日本列島は世界的にも災害が多い地域なのである。それを人びとが生活の一環として意識して手を入れ続けることで、地理的に不利な条件を緩和させてきた。そこには先人の知恵と営みがあったはずである。その喪失によって、災害が深刻化している現状もある。

自分たちの生活を支える経済循環だけではなく、そこに住む人たちが未来に対して希望をもち、従来から継承してきたものやこと―行事や祭礼などの地域文化に加えて、景色や景観など自然環境―へこだわりをもち、次世代への強い承継意識の下で生活していけるかどうか、が重要である。そうした無形財産のようなものは、本来は世代間移転を通じて承継される性質のものである。この場合、政府からの補助金は時間的にも地域的にも限定的であるべきである。

2　農林水産業など実質的な自営業―むろん組織的に大きな取り組みもあるが―に加え、町工場、商業やサービス業での家族などを中心とした小さな事業、そうした自営業の比重が高いのが、日本経済の特徴であった。だが、現在では、被雇用者を中心とする会社社会―いわゆるサラリーマン社会―となっている。

元来、自営業主は階級社会学では旧中間階級ととらえられてきた。伝統的な階級社会論では、「上」の社会階層は生産手段などの資本をもついわゆる資本家階級である。だが、現在では、資本「家」の多くは分解し、資本「機関」になっており、「上」とは雇う側＝会社の経営上の意思決定権をもつ経営者層を意味する。他方、「下」は労働者層である。

そして、中間階級とは資本家層と労働者層との中間にあり、自ら資本を持ちつつも、被雇用者としてではなく自ら事業を展開する社会層となる。なお、新中間階級とされるのは、いわゆるホワイトカラー層や企業の中間管理職層などを示唆する。

ここで旧来の中間階級とされる自営業の動向についてみれば、その典型である商店街の商店などは、人口減少による近隣圏の市場縮小に加え、後継者不足によって、その数は大きく減少した。しばしば、この問題は経営者の高齢化と後継者不在の問題とされる。だが、基本的には市場の縮小均衡による需給調整が働いた結果である。後継者たる家族―息子や娘など―が事業を承継したとしても、その後の将来展望を見出せない。このことが減少の大きな要因である。廃業の場合、経営上の行き詰まりよりも、経営者の健康上の要因や高齢化による引退が目立つ(*)。

*この種の問題の詳細については、つぎの拙著を参照。寺岡寛『中小企業の経営社会学―もうひとつの中小企業論―』信山社（二〇一八年）、同『小さな企業の大きな物語―もうひとつのエコシステム論―』信山社（二〇一九年）。

小売自営業の減少＝廃業の背景には、情報通信技術の下でのネット販売の拡大により、時間や場所を超えた消費形態が浸透してきたことの影響も大きい。これには賛否の見方があろう。既存の小売業への影響がある反面で、先にふれた消費市場牽引型イノベーションのプラスの経済効果もある。自ら出歩くことが困難となった高齢者にとって、ネット販売の利便性は否定できない。

技術史が示すように、技術は中立の存在であるが、それを利用する経済システムなどによって、ビジネスや雇用上の形態へマイナスの影響も、プラスの影響も及ぼす。それが、最終的にプラスの効果で終わるのか、あるいはマイナスの効果となるのかは、判断に迷う。

エイジングを経済システムとの相互作用だけで考えれば、日本経済の需要面と供給面の双方の今後のあり方を見据えること、これが大前提である。かつての高度経済成長＝拡大経済の下では、需要と供給のシーソーゲームのようなかたちで経済が展開して、経済規模が拡大した。現在ではそのようなシーソーゲームは、きわめて困難となった。この現状への国民的合意がまず必要なのだ。この点で、成長経済復帰一本やりのような日本政治のあり方は厳しく問われなければならない。

必然、利益配分の政治も変わらざるをえない。不利益もまた配分せざるをえないからだ。自分たちの地域、産業、組織、そして自分たち個人のために、政府支出＝政府予算の多くを取り込む利益獲得・再配分型の従来の政治スタイルはすでに終結している。

それにもかかわらず、現在まで継続されてきた結果が、巨大な財政赤字に反映されている。経済をめぐる従来型の政治スタイルも、エイジング社会の下で、経済と社会の均衡をはかるものへと変わらざるを得ない。

エイジングと産業論

1　エイジング経済には、需要と供給の二つの側面がある。需要面では、高齢者人口の増加によって、物的消費からサービス消費へと、需要の内実が確実に変化してきた。そのような経済環境の下で、エイジング問題への対応についても、中央集権的で画一的な取り組みには限界がみえてきている。地域がそれぞれの問題と課題を踏まえ、より分権的な取り組みに知恵と工夫を凝らす必要がある。

地域経済を構成する地域産業もまた、地域のニーズに対応することが大前提となる。だが、同時に、グローバル化した世界競争の下で、世界市場と互角に対応しうる地域産業の競争力の向上も必要となっている。その点を踏まえ、エイジングという観点から地域産業論を展開したい。

まず、「地域産業」の再定義が必要である。地域産業とは、地域に立地している産業の単なる総称ではない。地域内の経営資源をうまく循環できる産業こそが、地域産業と呼ぶに相応しい。そのような産業はなんであるのか、現在、そうした産業がうまく展開していないとすれば、既存産業をどのように転換させていくのか、そのための、官民協力はどうあるべきか、課題は多い。

エイジング社会における産業の方向性の転換の目的は、自助を促進することにある。しかし、自助を促進させるには、共助—互助—の促進が重要である。一般に、エイジング社会対応の産業構造として、医療・介護サービス産業だけを注目しすぎてはいないだろうか。確かに、医療・介護サービス業は重要かつ成長分野である。だが、この種のサービス業のみで、地域経済そのものを支えることなど困難である。

介護サービスは公的部門だけで対応が不可能なこともあり、さまざまな民間の関連分野へも刺激を与える。たとえば、介護施設の新設や増設などの対応だけでは困難である場合、フィンランドなどでは、在宅介護の拡充が促されてきた経緯がある。在宅重視の方向は、エイジングに対応する自宅のリフォーム、補助具等の事業分野の発展につながってきた。この分野では、介護レベル、自宅の状況や周辺地域環境に応じたきめ細かい対応が必要となる。必然、大企業よりは中小企業、とりわけ、小規模企業の新たな存立分野となりうる。

同時に、地域の一人暮らしへの見守りサービスなど、エイジング社会を支えるには、働き盛りの世代や若者世代との協働・協力関係が不可欠である。こうした協働・協力関係は地域の結束力となる。そのような世代間協力を促進しつつ、新たな産業を発展させることへの模索が大事なのだ。

次に、エイジング社会対応の産業の方向性の一つに、高齢者が自分の健康や家庭環境に応じて、働くことを支援できる製品・サービス分野がある。体力の衰えなどを補うアシスト機器は新しい機械工業を発展させ、関連ソフトウェアなどの新しい分野を生み出す。記憶力や知力を補う人口知能を組み込んだ情報機器の開発産業が生起する可能性も高い。

モノづくりの重要性が指摘されるが、世界的分業が成立する下では、日本国内で全てを調達することの実質的な意味が変化してきている。結論からいえば、世界最適生産によって海外で調達するものは積極的に取り入れざるをえない。そうした海外製品と日本国内とのリンクは、製品の「入口」と「出口」にある。入口とは研究開発などであり、出口とは海外生産品であっても、日本でプラスアルファの価値を付け加え、販売し、その後のアップグレードやアフターサービスなどを行うことである。同時に、これを支える供給面での対応をいかに進めていくか、労働人口の縮少の下で、あらたなやり方を見つける必要があろう。

2 一般に、産業構造、より正確には国民経済の実質的な中身である産業構成は、時代の消費構造によって変化してきた。敗戦後の日本経済の歩みをみても、それは分かる。戦後復興期は、食料品生産やエネルギー源の確保が最重要であった。炭鉱などの分野の比重はきわめて高かった。やがて、冷戦下での米国の占領政策の転換によって、貿易への制限が緩和され、また農地改革下での農業生産量の高まりによって、食料品、繊維・衣服、さらには住居への需要が高まった。こうした分野への新規参入と労働人口の移行は、旺盛な需要とそれにともなう投資の著増に支えられ、日本経済を成長させた。

繊維・衣服など軽工業は内外の需要に支えられ、大きく伸長した。たとえば、戦後最初の工業統計調査結果（昭和二七［一九五二］年）によれば、製造業従事者全体の二〇％以上は繊維・衣服分野であった。現在では、その比率は四％を下回るようになった。産業構造の変化が進んできた。

代わって、素材や中間財の資本集約的産業や、加工組立型産業の典型である電気・電子機器や輸送用機器などの分野が大きく興隆した。需要＝消費市場のダイナミックな変化に応じた結果である。これを支えたのは戦後ベビーブーム世代の生活スタイルであった。この世代―いわゆる団塊世代―は、日本経済に大きな影響を与え続けた。供給側の動きにも注目すれば、成長産業分野への新規参入、労働力と資金の流入があり、需要側と供給側のシーソーゲームによって高度経済成長が成し遂げられた。同時に、当時の冷戦下の国際情勢が日本の経済成長に極めて有利に働いた(*)。

＊詳細はつぎの拙著を参照。寺岡寛『日本の中小企業政策』有斐閣（一九九七年）、同『日本経済の歩みとかたち―成熟と変革への構図―』信山社（一九九九年）。

いまの日本は、人口減少と少子高齢化が進み、さらにはアジア諸国への製造業移転と、人口増加と若い人口構成をもつアジア諸国の一層の追い上げが続く。あるいは、欧米企業との競争激化により、日本の産業構造は転換を迫られている。今後、世界市場により良き製品とサービスを提供できる産業をどう育成していくのかは、重要な課題である。

繰り返しになるが、あるべき方向性は高齢化社会を支えることのできる産業である。やがて韓国や、そして中国もまた高齢化社会へ短期間のうちに進む。この意味でも、日本の先進性と創造性が生かされなければならない。人は歳を重ねると消費形態や必要とする製品やサービスも変化する。また、働く人たちの高齢化によって、その働き方を支える製品やサービスの内容も変わって当然である。

その方向性への先駆的な取り組みこそが、高齢化社会的イノベーションを誘発させ、既存産業のみならず、新しい産業を呼び起こす可能性を高める。重要なのは若い世代の創造性と高齢世代の経験との融合ではないであろうか。

エイジングと経営論

1　日本社会は「会社」社会でもある。大企業を中心とした会社の採用形態が日本の労働市場のあり方や勤労観を形成し、日本社会を会社中心社会とさせてきた。とりわけ、進学率の高まりに伴う、新規学卒一括採用という就社形態は、就労・就業形態に等値されてきた。

大企業の場合、原則的には就業機会は学校卒業時に限られ、閉じられた内部労働市場の下で、退職時までの年功序列賃金制度によって昇進・昇格が決定される制度設計であった。この制度設計は、若年労働者層の入職と一定の暦年齢での退職という活発な新陳代謝を前提に、成立したのである。

日本社会では、暦年齢が組織運営において、なぜ唯一無二にちかい判断基準となったのか。その制度設計が揺らいでいるといわれながらも、なぜいまも健在なのか。なぜ、若者を一斉に新規学卒一括採用というかたちで、ほぼ同一年齢で入職させるのか。また、役員などを除き、なぜほぼ同一年齢で退職させるのか。現在、働き方の多様化が語られ、その必要性が強調されているにもかかわらず、人の働き方のサイクルがすべて暦年齢で決められていることに、多くの人たちは、なぜ疑問をもたないのだろうか。

これらの「なぜ」には、明らかにすべき検討課題がいくつかある。一つめはすべてのことが伝統とか、制度とか、あるいは文化で語られ過ぎていること、これは正しいのだろうか。二つめはそこに利害関係が複雑に絡んでいることである。従来の制度を変えることで、既得権＝レント的利益が失われることへの抵抗がある。これらの点が等閑に付されている。

一つめの伝統論＝制度論＝文化論には、注意を要する。「制度」というのは、そもそもは変革を定着させるための社会装置である。これが数世代にわたって維持されれば、制度的枠組みが「文化」とされる。さらに数世代保持されれば、文化は「伝統」とされる。そして、伝統文化＝制度は固定的なものとして、人の脳裏に暗黙知のかたちで植えつけられる。それはつぎなる変革までは、動かしがたいものとして、社会的価値観となる。この種の社会的価値観は家庭、学校、社会のなかで日々、再生産され続ける。

こうした制度＝文化＝価値観の多くは、太古の昔から自然発生的に形成されたものではない。制度が数世代にわたって保持されれば、そこに利害関係が形成される。とりわけ、利害関係のうちの利益関係―レント―は、一旦その構造が形成されると、たとえば明治維新や敗戦などの改革や想定外の災害を除いて、そう簡単に崩れるものではない。しかも、レント化した利害関係には、それを肯定するイデオロギーがつねに付随する。

ここで、日本社会での年齢という価値判断基準が、組織原理や社会構成原理としていつ、なぜ定着したのか、歴史的に振り返っておこう。

組織原理としては、たとえば、下剋上のような戦国時代において定着したとは思えない。戦国時代には、むしろそれまでの名望家支配を打ち崩した実力主義としての武断政治―武力―が起こった。下剋上という社会的規範が許容された。だが、武断政治がやがて収まると、結果として成立した大名間の秩序が、法的規制とともに形成されていった。

幕藩体制の導入とともに、江戸幕府＝将軍家の支配の下で、各藩に対して、貴族政治に擬制化された名望家支配―大名や家臣などの家格―が浸透することになる。この秩序を武断によって覆すことは禁止され、社会的秩序をもたらす諸法度が導入された。諸法度による名望家支配においては、内部的規律をもたらすものとして年齢規準が社会的秩序規範となる。年齢を飛び越えたような抜擢人事は、緊急時の、あくまでも例外的な新陳代謝措置とされた。

しかし、いまでは、年齢層間の序列観は、経済や社会環境の変化につれ変容しつつある。そこには、少子高齢化の影響がある。日本企業の内部労働市場を重視する人的資源管理のやり方も変容を迫られてきている。

内部労働市場優位の労働市場では、企業間の人材の流動性は低かった。長期間にわたって一社で就業することで、汎用スキルではなく、その企業独自の管理スキルやノウハウを蓄積させた。異なる企業へ移れば―転職―、蓄積してきたスキルやノウハウが大きく低下せざるを得なくなる。他方、企業間の人材の流動性―単に一般従業員や中間管理職だけではなく、経営トップ層も含め―が高い欧米系企業では、組織を変わっても定型的な仕事にすぐにでも取り掛かることのできる汎用スキルやノウハウが求められてきた。

日本経営史を振り返ってみると、このような内部労働市場依存型は、高度成長期の大企業の旺盛な労働需要を背景に定着してきた形態であった。それ以前は、渡り職人という働き方があった。渡り職人とは、企業間の移動を通じて自分の技術や技能を向上させ、賃金面などでより有利な職を求める職人たちのことである。職人の世界では、労働力の流動性が高かったのである。いまでは、このような職人世界も縮小した。

職人志望の若者が減り、大学などへの進学率が高まった一方で、大企業を中心とした年功序列賃金や退職金制度が整備され、同一企業でより長く働く方が有利な体制が高度成長期を通じて徐々に定着した。人手不足に苦しむ中小企業も、優秀な人材を引き付けるには、大企業と同様の労働条件が必要となってきた。こうして戦後復興期から高度成長期へ移行するにつれ、新規学卒一括採用と長期雇用という、入口と出口を固定化させた企業社会構造が定着する。

だが、エイジング社会の下での少子高齢化という人口構成は、かつての社会メカニズムを変えつつある。企業経営のあり方を含め、人口知能や自動化だけで問題や課題を解決できる保証はない。少子高齢化は社会のあり方、あるいは社会に対する私たちの考え方を変える大きな挑戦の過程でもある。

考えてみれば、ＩＣＴ（情報通信技術）化が強く叫ばれ、その先に生産性の向上が意図されてきた。日本企業においてはＩＣＴ化への対応が促されてきた。欧米企業との比較において、汎用的業務ソフトなどが日本企業の現状にうまく合致しないとも指摘される。日本企業は少子高齢化の下で、人材を確保し、適材適所の人材配置を迫られている。そのためには、定型的な仕事と非定型的な仕事の整理再編が必要となる。とりわけ、後者はＩＣＴ化が必要である。これまでは、定型的な仕事を自社だけで通じるような非定型的な形で処理してきた企業も多い。そのような人材配置の見直しも必要だ。

今後、一定の暦年齢での一律退職＝人事政策が実情に合わなくなる可能性もある。欧米諸国などの動向をみても、年金支給年齢の引き上げとともに、わたしたちは現在よりも長く働くことになる。(*)その場合は、同一企業で働くということではなく、企業間の移動も普通になるだろう。より汎用的なスキルが必要となるにちがいない。

＊かつての欧州社会では、若者―二五歳以下―の失業率が高かったことから、若者の就労機会を増加させるために、年金支給面で優遇措置を取り、中高年層の早期退職を促してきた。欧州では日本と異なり、労働組合の組織率は高く、労働組合が中高年層の先任権を重視したことで、若者の就労機会が制限され、結果として若者の失業率が高かった。しかし、年金支給年齢の引き下げなどの優遇措置は、日本と同様に少子高齢化が進み困難となった。現在は、年金支給年齢は引き上げられ、中高年層の退職年齢も引き上げられ、年金支給金額の水準も含め従来の社会福祉制度なども見直され、ベーシック・インカムなどの検討もされるようになってきた。

2　北欧諸国などでは、公的年金支給の開始時期や公的年金の給付水準など、社会保障制度の見直しが政府機関でも検討されてきた。たとえば、将来の財政悪化を強く意識した、社会保障の選択肢であるベーシック・インカム制度もその一つである。高福祉・高負担を支える欧州型社会福祉のシステムの維持が困難となる可能性があることが背景にある。ベーシック・インカムではこの点が強く意識されている。

ベーシック・インカム制度は、用語そのものはオランダの経済学者が一九五〇年代に用いたともいわれる。その萌芽は、資本主義社会の成立が早かった英国などを中心にすでにみられていた。昨今では、オランダやオーストラリアなどで社会実験が行われたりしてきた。

フィンランド政府の場合、社会保険庁が二〇一七年一月から、無作為抽出した一五〇〇人を対象に、毎月五六〇ユーロを二年間支給する「社会実験」を行った。社会実験開始までには、失業保険など社会保障制度をめぐる税負担問題に加え、政府の財政問題への取り組みがあった。ベーシック・インカム制度は、最近浮上した問題ではない。フィンランドなど典型的福祉国家が、必然的に取り組まざるを得ない制度改革の一環でもある。

フィンランド政府は、ベーシック・インカム制度実験の前年に発表した『アイデアから実験へ（フィンランドでの無条件型ベーシック・インカム実験報告書）』でさまざまな課題を提示している。同報告書では、ベーシック・インカムだけではなく、負の所得税についても検討を加えたことを紹介している。

同報告書は、ベーシック・インカム制度の本格的導入について、「一般の国民の反応は、論議が理論的なレベルにとどまっている限りは好意的であるが、焦点が具体的な事項に絞られていくと、コメントはより批判的になるものである。わたしたちとしては、すべての国民がおそらく平等性を支持するものであるとまずは仮定したが、実質上の実務的な方法を探る時期がくると、意見は多様化するものだ。同様にベーシック・インカムの考え方には強い一般的な支持があるが、特定のベーシック・インカムのモデルへの支持があるわけではない。また、ベーシック・インカム制度を財政的に支えるのに必要な税金のことになると、ベーシック・インカムというモデルへの支持を減らすことになるだろう。このように、政治的で実務的な問題は、原則として国民は肯定的であるが、実際のところ、その財政費用は負担したくないようだ」と述べている。

ベーシック・インカム制度導入には、つぎのような課題があった。

① 行財政問題への対応―国家財政や地方財政の悪化によって、現在の複雑化した社会保障制度を維持するのは困難であり、複線的な制度を一本化し行政費用を節約する必要性。

② 労働市場との関連性―労働政策として失業問題の解消。社会保障制度を支えるには若者たちの就労支援としてもベーッシク・インカム制度が一定の役割を果たすことへの期待。

③ 行政制度の改革―①に関連するが、生活保護制度における資力調査などの恥辱的調査の解消と公務員数の削減。

④ 所得の不平等の解消などへの期待。

しかし、前述のフィンランド政府の『報告書』には、現行税率を前提としてさまざまな試算結果―ベーシック・インカムの給付水準額―が示されているが、その税源についての言及が少ない。ベーシック・インカムの給付水準額が多ければ、現行税率の見直しが必要となろう。すでに、所得税や付加価値税が高いフィンランドでは、他の税源、たとえば、固定資産税や相続税の引き上げなどが必要になろう。その場合、報告書にあるように「実質上の実務的な方法を探る時期がくると、意見は多様化するものだ」ということになる。

フィンランドのベーシック・インカム実験は、終了後に詳細な分析を数年かけて行う予定であるが、当初一年間の実験結果分析については、実験終了後の翌年に発表されている。暫定的結論では、若者の長期失業という構造問題への影響はきわめて限定的であるものの、失業中の若者の精神・健康状況についてはプラスの効果をもったとされた。しかしながら、労働経済の専門家たちが指摘するように、経済情勢や世界情勢、あるいは国内政治情勢などさまざまな要因が働くなかで、ベーッシク・インカムだけの実質効果を評価することは簡単ではないだろう。

日本でも今後、ベーシック・インカム制度をめぐる論議が高まることが考えられる。その場合、北欧諸国との比較論も浮上するだろう。しかし、比較の前提に、北欧諸国が日本よりはるかに充実した公的サービスを実現していることがある。北欧では、公共サービスの水準が高いため、一見、ベーシック・インカムの給付水準額が低くみえても、名目額よりも高水準である。

北欧の充実した福祉制度をもつ諸国は、いずれも小国である。小さな福祉国家は、国内市場だけで高福祉高負担を支える経済成長は困難であり、世界市場で自分たちの資源や技術に依拠した独自のニッチ市場を開拓してきた経緯がある。小さくても世界で存在感をもつ国家は、小さくても世界で活躍できるニッチ企業の多い国でもある。官民がそうした経済運営を行うことで、比較的安定した経済成長を持続させてきた。

また、フィンランドなどいずれの北欧諸国も、教育投資に熱心であった。スウェーデンを除けば世界的な大企業は少ないが、小さくてもユニークな中小企業の育成・支援に力を注いできた。しかし、そのような国でも、少子高齢化による人口構成の変化によって、いままでの経済成長を支える労働需給を見直さざるをえず、健全な国家財政維持のためには複線化・複雑化してきた各種社会保障制度の見直しも必要となった。

この社会的分脈のなかで、フィンランドは、ベーシック・インカムの社会導入実験に踏み切った。このことは前述の社会保険庁の報告書などからも読み取ることができよう。ベーシック・インカムのような一律給付によって、従来の社会保障制度対象者の認定に関わったレッドテープ―官僚的形式主義で不要不急のような仕事―の削減と、よりスリムな政府―とりわけ、地方自治体―の実現が意図されている。

ベーシック・インカムの給付水準は、受給者世代の就労意欲を刺激する水準でなければならない。そのため、他方で、人びとが健康を維持しつつ、より長く働くことなどが模索されている。これは政府の掛け声だけで実現されるはずもない。企業などで組織的に、高齢化社会に対応する経営に取り組むことがますます重要となる。企業の積極的な取り組みこそが、高齢化社会の下での、人びとのより快適な働き方の開発に大きく寄与する。そして、そのノウハウの普及が、新たなマネジメントを私たちの社会にもたらしてくれるに違いない。高齢化社会の最先端を走っている日本には、そのようなマネジメントの模索を通じて、新たな日本的経営の姿を世界に示すことが求められる。

第四章　エイジング政策学

生活環境社会資本の整備は本格的な高齢化社会の到来に備えて計画的かつ着実に実施されるべき長期的な課題であって、基本的には、短期・中期の経済・財政状況の変動に左右されるべきではない。

（宮島洋『高齢化時代の社会経済学―家族・企業・政府―』岩波書店）

政策学的接近方法論

1　政策とは、一般に、起こった、あるいは起こるであろう事象への対処に関わる制度の整備である。理想は、問題が起こらないようにすることである。政策の理想像は、起こるであろう問題に対する予防措置である。予防措置のイニシャルコスト（初期費用）は大きいが、起こった場合に最終的に問題解決に投入される社会的総費用よりは遥かに小さい。しかし、予防措置はあくまでも理想的政策論であって、なかなか、うまく行かない。それが現状だ。

高齢化社会の到来は、人口統計から容易に予想できた。その上で、研究者たちや行政の高齢化社会への取り組みはどうであったろう。研究者たちの意識という点では、たとえば、米国では、一九三九年に二四人の科学者たちが老年研究会（Club of Research on Ageing）を組織した。その後、「老年の科学的研究」を推し進める正式な学会として一九四五年に、ニューヨーク市で米国老年学会（GSA, Gerontological Society of America）が設立された。事務局はセントルイス市に置かれ―のちに首都ワシントンへ―、翌年には学会誌が創刊された。第一回年次研究総会が、一九四九年にニューヨーク市で開催された。

このように、米国では、高齢化への学問的関心は第二次大戦前にすでに芽生えていたことになる。終戦年には学会も組織されていた。学会活動は日本などと比較しても、きわめて早い時期に始まった。「若さ」をつねに尊重する米国観からすれば、予想外の感がある。いずれにせよ、高齢化への学問的関心が高かったことになろう。学部や大学院でも、「老年学」講座や老年学研究のコースをもつところが米国ではきわめて多い。

日本の場合、昭和三四［一九五九］年に、日本老年医学会と日本老年社会科学会とが合同して、日本老年学会（The Japan Gerontological Society）が設立された。米国に遅れること、およそ一〇年である。その後、日本基礎老化学会（一九八一年）、日本老年精神医学会（一九八六年）、日本老年歯科医学会（一九九〇年）、日本ケアマネジメント学会（二〇〇一年）、日本老年看護学会（一九九五年）が参加して、現在に至っている。

ほかに日本応用老年学会が平成一八［二〇〇六］年に発足、平成二七［二〇一五］年に一般社団法人化された。同学会の理事長挨拶には「産・官・学・民のあらゆる分野の方々に役立つ事を目的としています。高齢社会を営むために必須の学問である『老年学』を、商品・サービス開発、生きがいや社会貢献のプログラム作り、当事者主体のケア手法の確立等に役立て、高齢社会のネットワークセンターをめざします」とある。日本老年学会では、もっぱら学問的な取り組みが重視されているのに対して、この学会は老年学の成果の社会還元に重点が置かれている印象がある。

実際のところ、同学会の学会誌『応用老年学』への寄稿をみると、その内容は、高齢者医療の問題、高齢者の運動や食事、高齢者とジェネリック医薬品、介護サービスの国際比較、介護型有料老人ホームの現状、高齢化社会下での損害保険制度、認知症と地域づくり、高齢者の住居環境整備、高齢化社会と企業活動、高齢化社会とボランティア活動、高齢者と音楽療法、在宅高齢者の認知症、高齢者用商品、農村地域と自立高齢者、地震発生と高齢者、団地と独居高齢者、都市部での高齢者ケアシステム、企業退職者の社会活動、高齢者の政治意識、アクティブ・エイジングの国際比較、介護予防運動、シルバー人材センターの会員意識、在宅看護の介護者、高齢者の老年意識、高齢者のボランティア意識など、きわめて多方面にわたる。

他方、老年学の研究と教育を担う学術機関ということでは、米国では多くの大学が関わっているのに対し、日本ではエイジング社会の総合学としてのコースを設けている高等教育機関は多くない。学部での講義科目ということでは、看護学部に看護学－老人看護学や健康科学を含む－の一環としての講座がある。大学院の医学研究科では老人医療に関わった研究コースがあるのは当然であるが、総合学としてのコースは二〇〇二年に開設された桜美林大学老年学研究科など一部にとどまっている。

それらのコースの専任教員には、医学部出身者が多い。公表されている修士論文の対象領域は、先に紹介した『応用老年学会』誌への寄稿論文と同様に、単に高齢者への医学的なアプローチだけではない。高齢者への音楽療法－歌唱活動－、老年期認知症問題、高齢者介護の心理的ストレス、高齢者住宅居住者の健康問題、在宅介護者への介護サービス情報、都市サラリーマン定年退職後の活動、尊厳死、高齢者の死生観、都市近郊の特別養護老人ホームでのターミナルケア、高齢者介護の負担感、在宅要介護者の生活機能障害と介護負担度、デイサービス利用の満足度、訪問看護師と家族との関係性、介護老人介護従事者のうつ病実態、高齢者の視力障害の抑うつ状態、高齢者介護施設の管理、高齢者の咀嚼能力と社会活動・生活機能の関連性、地域通貨運営と中高齢者、高齢糖尿病患者の生活満足度、地域在宅高齢者の自己実現意識、中国の高齢者問題、団塊ジュニア世代の両親介護意識、長寿企業の高齢経営者からの後継者の事業承継プロセス、などさまざまである。

指導教授が医学・保健学の専門であることから、医学的視点からのアプローチが目立つが、共通するのは高齢化社会の問題と解決すべき課題の発見に関わる論考である。これに関連して、多方面にわたる研究も行われてきた。今後も高齢化社会のかかえる問題の解決には、現場の知恵の集約もさることながら、学術研究機関での多方面からの研究が重要である。その研究成果が政策づくりや制度づくりに活用される必要があろう。

なお、研究機関ということでは、東京大学に民間企業からの寄付金によって学部横断的―医学、看護学、理学、工学、法学、経済学、社会学、心理学、倫理学、教育学など―学際研究組織として、高齢者社会研究機構が二〇〇九年に設置され、いくつかの研究プロジェクトがスタートしている。今後は、各研究機関との連携の下で政策提案機関としての活躍が期待される。

2　平成三〇［二〇一八］年一〇月三日に、第四次安倍改造内閣がスタートした。安倍首相は認証式後の首相官邸での記者会見で、憲法改正や女性活躍社会に言及しつつ、「少子高齢化に真正面から立ち向かい、全ての世代が安心できる社会保障制度へと改革を進めていく」と表明し、政権の重要な課題は「国難とも呼ぶべき少子高齢化」であり、今後三年をかけて内閣として最大チャレンジ＝「社会保障制度改革」を行うと強調した（「日本経済新聞」一〇月三日朝刊一面）。

より一層の少子高齢化を踏まえて、取り組まざるを得ない課題は多い。だが、喫緊の問題は、もっぱら国債発行に支えられた巨額な公的債務を抱えた国家財政との絡みである。社会保障費が一般会計の三割以上を占める国家財政の下で、社会保障制度はどうあるべきか。基本的には社会保障費（S）＝対象者数（A）×制度数（B）の関係式において、どこをどのように改革するのかが重要である。

Aについてみれば、支給対象層である高齢者の増加は不可避である。そこで、社会保障費増加の抑制ということでは、支給対象年齢の引き上げが考えられる。また、社会保障費を支える現役世代が減少し、受給者が増える構造では、現行の継続雇用年齢の引き上げの是非が問われる。つまり、元気な間は、出来るだけ働くことが求められることになる。

ただし、Aの増加を抑制できるわけではない。必然、社会保障費抑制のためには、B項である制度の数を減少させるか、あるいは、現行制度の給付水準を引き下げるか、である。事実、予想される政府案では、医療・介護費の負担増、とりわけ、後期高齢者の自己負担増が提案されることになろう。

年金については、給付額の水準などを検討せざるをえなくなる。また、とりわけ、「制度疲労」の影響をどのように避けるか、である。日本の年金制度は正社員を対象とした悉皆制度である。しかしながら、産業構造の転換＝経済のサービス化に伴って、制度維持の中心であった正社員比率が減少を続け、非正規職が増加してきた。

日本の年金制度や雇用保険制度は、こうした雇用形態の変化に対応しきれていない。より安定した社会保障財源の確保も、国の財政赤字の拡大の下で厳しい。そこで、高齢化社会への対応の政治スローガンとして、「社会保障と税の一体改革」が強調されてきた。新たな税源の確保として、もっぱら消費税の引き上げが論議されてきた経緯がある。

これは日本だけに特有な政治課題ではない。先進諸国は、いずれも「先老」諸国となりつつある。必然、政治もエイジングをめぐって展開してきた。各国とも非正規労働者層＝低所得者層の増加によって、給付抑制が政治日程となっている。背景に、受け手側である高齢者＝低所得者層の増加がある。

各国にはそれぞれ年金の型―バリエーション―がある。日本の場合、年金制度は被雇用者と自営業・非正規雇用者の二本立て制度となっている。欧州諸国では、年金制度で嚆矢となったドイツ（プロシア）のビスマルク型―フランスやイタリアなども―、英国のベヴァレッジ型、福祉国家といわれる北欧型がある。ビスマルク型は職業別年金制度といわれ、概していえば日本型もこれに属する。ただし、日本の場合は全国民共通の基礎年金制度が一階部分を形成する。旧英連邦諸国に導入されたベヴァレッジ型は、均一給付型が多い。北欧型は税と年金の一体徴収の所得比例型年金であり、個人年金―私的年金―低所得者層へ配慮した制度設計となっている。なお、米国型は社会保障税を税源とする所得比例型年金制度である。

いずれの型をとるにせよ、公的年金だけで、労働市場から引退したすべての高齢者が豊かな老後を送れるわけではない。

日本の場合、被雇用者と自営業者の二本立て制度であるが、自営業者の減少が続く下で、現行制度の改変は今後の政治課題とならざるを得ない。年金給付額の水準も問題視される。年金給付額については、主要国では所得比例保険料になっている。日本は、自営業層については定額保険料となってきた。当時の社会保障制度審議会の議論の方向性では、日本には欧米先進国に比べて自営業者や農民が多いことに加え、所得捕捉が困難であることが考慮された。とはいえ、被雇用者の比重が高くなるにつれ、二本立ての制度間の整合性が問われることは当初から予想されていた。

この点に関して、経済学者の駒村康平は『日本の年金』で、自営業者の方が被雇用者との比較において、①所得のばらつきが大きいこと、②貧困率の高さ、③夫に先立たれた高齢の妻の貧困率が高いこと、④零細小売店などの経営の悪化、が特徴となっていることを指摘し、これらの諸点からも、制度の見直しが必要となっているとした。

今後も自営業者数の減少が続くとすれば、現在の二本立ての年金制度の一本化なども政治課題になる可能性がある。ただし、課税されるべき所得や報酬の透明化が担保されなければ、一本化が国民の理解を得ることは難しい。駒村は被雇用者の所得控除の見直し、自営業の所得捕捉率の向上などが必要であり、とりわけ、後者についてつぎのように指摘する。

「日本において、マイナンバーを導入しても自営業者の所得把握が格段に向上するわけではない。……マイナンバーだけでは、事業の売り上げや仕入れに関する、すべての取り引きを正確に把握することはむずかしい。……今後、高齢化にともない能力に応じた費用負担が求められるのに、かんじんな負担能力の把握、所得捕捉があいまいであれば、公平で納得の得られる社会保障制度、税制を作ることはできない。結局、所得捕捉の制度の違いを考慮した複雑な制度を作ることになってしまうだろう。公平な税制、社会保障による再分配強化のためにも所得捕捉の厳格化は必要なのである。」

経済構造や産業構造は変化する。当然、自営業者の存立状況も変化する。(*) 国内地域経済に大きく依拠する自営業者とは対照的に、大企業や中堅企業は海外事業の展開を推し進めてきた。他方で、国内事業の縮小・再編により非正規雇用も増加した。雇用構造の変化によって、従来型の年金制度全体の見直しが必要となってきている。

＊詳細については、つぎの拙著を参照。寺岡寛『小さな企業の大きな物語—もうひとつのエコシステム論—』信山社（二〇一九年）。

たとえば、社会保険料の事業主負担のあり方を変えることである。つまり、正規・非正規の雇用形態上の差別をなくすことができれば、日本の労働力の流動化が進む可能性もある。こうした、日本経済の活性化を高めることのできる制度改革こそ求められている。

エイジングと政策論

1　高齢化社会像には「虚」と「実」が入り混じる。そして、「虚」と「実」のそれぞれに悲観論と楽観論が交錯する。「虚」と「実」、あるいは悲観論と楽観論に関わらず、正確な情報が国民に十二分に公開されていないとすれば、大きな問題だ。政府のもつさまざまな情報は適切に公開されてきたのだろうか。高齢化社会の下での医療費や社会保障費の増加問題だけが注目されてきた感がある。健康ブームが盛んな理由は、こうした文脈の下で理解しておく必要がある。

医療費の高騰による、自己負担料の引き上げが予想されるなかで、人びとは予防的手段として、健康自体を目的としているようにみられる。健康であることを手段にどのような活動をするかを、本来は考えるべきなのにもかかわらず、である。新聞、雑誌やテレビに、健康サプリメント、健康食品、健康維持のための民間療法に関する情報が提供されない日はない。

医療・保険ジャーナリストの渡辺俊介は、対談「今なぜ、民間療法ブーム」のなかで、この背景をつぎのように指摘する（飯島祐一編『健康ブームを問う』所収）。

「日本の行政が戦後一貫してやってきたのは、まず、生産者、供給者である企業のためになることでした。消費者は、多くの場面でないがしろにされていたわけです。それが日本の護送船団方式です。大蔵省が金融機関を守り、厚生省が薬品メーカーを守り、まず企業をつぶさないようにすることだったわけです。……日本の官僚がいちばん批判される点は、それを使う人、ユーザーの立場に立っていなかったということです。いま日本の官僚批判の最たるものは、国民にきちんと目を向けていないことです。政治家も同じです。消費者の方を向いていませんし、官僚の一律主義に対して一歩踏み込んで国民に夢を与えてくれるような仕事を何人の政治家がなさっているか疑問です。」

渡辺の脳裏にあったのは、薬害エイズ問題(*)をめぐる日本政府の薬事行政や医療行政への不信感であった。薬害問題に限らず、広く医薬全般に関わる専門家の正確な情報の開示と提供がなければ、健康不安を助長するような「恫喝産業」の暴走を許すことになる。渡辺はこの点について、「恫喝産業の内容は宗教、教育、医療です。……人間の心の弱み、不安感、絶望、悩みが背景にあります。医療も当然そうです。……医学の実践である医療というものの、ある意味の恫喝かもしれない。そのお医者さんの言葉を借りれば、人の弱みにつけこむ……民間療法も、悪質な業者が入り込む余地はつねにあります」と指摘する。

*薬害エイズ問題――一九八〇年代、血友病患者の治療に、ウィルスに対して加熱処理しなかった血液凝固因子製剤を使ったために、HIV（ヒト免疫不全ウィルス）感染者やエイズ（後天性免疫不完全症候群）患者が生み出された。血液凝固因子製剤は外国の血液提供者からの血液をベースにつくられた。そのなかのHIV感染者の血液に、加熱処理がされていなかったことから、エイズ感染が起こった。一九八九年に、この薬害エイズ問題は、厚生省や製薬会社の責任が裁判で争われることになった。和解というかたちで決着をみたが、薬害問題について多くの教訓と今後の課題が残された。

医療ジャーナリストの水野肇も、民間療法や健康食品ブームの流行の背景には、日本人の薬好き体質もあるが、実際には「日本人は、国民も医師も看護婦も薬のことをよく知らない」とその構造的な問題を指摘する。と同時に、平均寿命―加齢―と健康寿命―老化―のずれが、病気への恐れと健康維持への脅迫概念を助長してきたことも無視できない。

こうしたなかで、先に述べた医療・薬剤などの正確な情報提供のほかに、地域医療・保険活動の面でのきめ細かな地方自治体などの対応が必要になってきている。老人医療専門家の辻一郎医師は、年齢とともに増える生活習慣病への予防と治療を分離することは難しいとする。辻は、現状と今後の政策的対応の方向性をつぎのように指摘する（前掲書）。

「生活習慣病である高血圧、糖尿病、高脂血症などに対して、薬を使ったり、食事指導、運動の指導をしていますが、『それは治療ですか』というと、少なくとも治療はしていません。その代わり病気をコントロールし管理しています。その目的は、将来起こる合併症を予防することなのです。いまある多くの治療は、実は予防なのですね。そういう意味で、何が予防、何が治療、と分けること自体、いまの疾病構造に合わなくなっています。

ところが、日本の行政機構は両者を体制上分けています。予防は保健所、市町村の保健担当部署、あるいは企業の健康管理室。治療は病院、診療所、医療保険も予防給付は認めません。現状に合っていないわけです。そういう意味で、日本の臨床医師の多くは公衆衛生や予防ということに無頓着です。実は予防活動をしているのに、『自分のやっていることは予防なのだ』という認識がない。残念ですね。」

この予防と治療との違いについての認識の欠落と政策的な対応の遅れが、健康ブームを生んでいる面があるのではないかとも、辻は指摘する。現在では定年後の人生が長い時代となった。こうした現状と政策的対応にもギャップがある。このギャップが個々人における自衛的な健康ブームを生んできた。

2　政策は対象によって規定される。

先に医療費にふれたが、高齢者を中心とした健康ブームは、将来の医療費削減や負担増へのやり場のない不安感の裏返しでもある。医療費、とりわけ、高齢者医療の財政負担は若者や中堅世代に大きくのしかかる。医療費削減や個人負担増をめぐる政治が展開する。

「不利益の配分あるいは再配分」を是とする政策の選択は、いわゆる「シルバー民主主義」の下では容易ではない。もちろん、高齢化社会で不利な政治的な立場にある若者層などへ、優遇措置の必要性を強く主張する論者もいる。利益配分政治が高度成長期に形成された政治スタイルであれば、不利益配分政治が少子高齢化の縮小経済期の政治スタイルとならざるをえない。

八代尚宏は『シルバー民主主義―高齢者優遇をどう克服するか―』で、高齢者は果たして弱者なのだろうかと問題を提起する。八代はつぎのように指摘する。

「民主主義国における社会保障制度の改革は、現状よりも短期的に不利になる高齢者世代の合意を前提としなければならない。これを実現するためには、まず第一に、高齢者にとって現行の社会保障制度が維持できなくなるリスクを認識させることである。……高齢者が少数であった時代に作られた制度・慣行が、高齢者が持続的に増える社会にも、そのままの形で維持されている『政策の不作為』の結果である。世界のトップクラスの平均寿命に比べて年金受給期間が長すぎる『お得な公的年金』や、頻繁に病院や診療所に行ける『大盤振る舞いの医療保険』は、毎年の膨大な国債発行に支えられており、いつかの時点で大幅な削減を受けるリスクをはらんでいる。」

八代は、高齢化社会の下での今後の政治のあるべき方向性として、「世代間格差」を是正したうえで、「長生きのリスク」に備えた制度＝「高齢者優遇」の見直しを提案する。市場経済重視派の八代は、そのためには、民間シルバービジネスの振興が必要であるとし、この点についてつぎのように指摘する。

「シルバー民主主義の弊害の是正には、主に政府が関与する年金や医療への支出を基礎的なサービスの範囲にとどめ、その補完として市場での民間事業者との取引による『シルバー市場』を活用することが基本となる。民間ビジネスによる市場取引であれば、給付と負担の均衡は自動的に保証され、後の世代への負担の先送りは生じないからである。……官民の適正な役割分担が発揮されれば、高齢化社会に対応した民間ビジネスが発展する余地が大きい。」

しかし、日本社会は、はたしてなんでも市場経済に任せれば万事順調という社会だろうか。全ての人たちが市場原理万能主義者のように楽観的に生きているわけでもない。市場経済万能主義者は、社会が経済のなかに包摂されているという見方をもちがちだ。

とはいえ、八代のいうように、多産多死に支えられた多子低齢化―こういう言葉があるかどうかはわからないが、少子高齢化の対抗概念として―の社会に、現在のところ、わたしたちは生きていない。いまわたしたちは、正反対の少子高齢化社会に生きている。これは、多くの人たちの認識であろう。

では、高齢化社会の福祉政策はどうあるべきか。高齢者の利用が大きな比重を占める公的医療費を抑制するために、医療費の負担額の引き上げや年金給付金の引き下げに、高齢者自らが、積極的に応じるだろうか。不利益を進んで引き受けることは、一定水準以上の所得層―資産額も含み―を除き、すんなりと受容されるとは考えにくい。そこには、「弱者切り捨て論」＝「経済格差是正論」が出てくる。

弱者切り捨て論をめぐっては、つねに外国に成功事例が意図的に求められがちだ。自然科学系の実験とは異なり、新制度の社会実験を行って、うまくいかなければまた新制度を作る。このようなわけにはいかない。実際の政治においては、そのような実験型政治は困難である。必然、隣の芝生である外国モデルが紹介される。高齢者医療の抑制についても、日本ではもっぱら北欧諸国の制度などが紹介されてきた経緯がある。たとえば、老人医療に関わってきた医師の岡本祐三は、早くから寝たきり老人を防ぐ在宅サービスに着目し、北欧諸国の制度を紹介してきた一人である。

岡本は、家族を主体とする日本の介護の限界を早くから見据えていた論者の一人だ。「北欧のように、子どもには親の扶養義務がいっさいなく、高齢者がみずからの意思で介護を受ける場を選ぶという世界にはほど遠かった。介護を受ける場を選ぶのは高齢者であるべきだ。真の『お客』は高齢者自身なのだという認識さえ、ごく最近まで生まれて来なかった」と、日本の現状を振り返る。

地方行政もさることながら、地方議会の高齢者福祉への関心の低さを、岡本は問題視する。岡本がスウェーデンなど北欧諸国の制度を評価する点は、サービスホームやグループホームなどの施設の充実度のほかに、巡回型のホームヘルパーサービス、住宅改造や補助器具利用への助成など、住民と行政が協力し合うケアマネジメントのノウハウである。

岡本は、福祉の行き過ぎが経済の生産性を低下させるという批判に対しても反発する。そして、「『福祉のやりすぎ』で国の経済が破綻した例はない。むしろバブル経済の破綻にみられるように、福祉の分野にしっかり投資しないで、官民あげて熱にうかされたように金をためこむことに没頭していると、あのように資本の過剰蓄積が生じ、とんでもない経済破綻が起こるのである。日本の現在の最大の経済問題は、断じて『福祉のやりすぎ』などではないことは、ここではっきりさせておきたい」と強く主張する。

岡本の指摘から、すでに二〇年余りが過ぎようとしている。課題は、「福祉のやりすぎ」ではなく、老人医療など福祉問題が複雑化したにも関わらず、有効な対応策が見出されなかったことにある。問題を無為無策で放置したことで、その解決に多くの国家資金＝税金が必要となっているとすれば、政治の怠慢として批判されるべきである。今後進展する超高齢者社会の備えを、どのように整備するのか。そんなに潤沢な時間が残されているわけではない。

エイジングと政治論

1　「エイジング学」は、高齢者の問題や課題のみを扱う学問ではない。それは、高齢者のみならず、社会的弱者を取り巻く状況を明らかにすることにつながる。注視すべきは、社会的弱者に共通する問題と課題なのである。たとえば、生活保護に関わる諸問題、医療、ワーキングプアに象徴される労働条件や労働環境の問題などは、高齢者を取り巻く諸問題と共通している。

このうち、生活保護制度をみてみよう。高齢者問題と生活保護制度に関わる問題が重なるのは、生活保護の受給者に高齢者が多いことにも起因する。現在、生活保護受給世帯の半分以上が、年金制度の他に収入源をもたない高齢者である。生活保護制度の受給資格要件や実施の状況は、その国の貧困問題を如実に表す。生活保護者の捕捉率の高低はその実例の一つでもある。

北欧の福祉国家やフランスなどと比較して、日本の低所得世帯の捕捉率はきわめて低位にとどまっている。背景に、生活保護受給＝権利という社会意識の相違、これを反映して日本社会での貧困の「見えない化」、厳しい受給条件と公的機関の調査のあり方などがある。稲葉剛は、『生活保護から考える』で日本の生活保護制度の現状と貧困問題を見据えて、つぎのように指摘する。

「近年、数ある社会保障制度の中で生活保護制度だけが注目され、バッシングされる傾向がありますが、生活保護制度の見直しは本来、他の制度との関連の中で検討されるべきものです。現在の日本の貧困対策の最大の問題点は、生活保護の手前の段階でのセーフティネットが不十分であるために、最後のセーフティネットであるはずの生活保護が『最初で最後のセーフティネット』になってしまっている点にあります。しかも、最後のセーフティネットであるはずの生活保護も捕捉率が低いために、生活保護すら利用できず、貧困による餓死や凍死を防ぐためにあえて罪を犯して刑務所に入る人びとも続出しています。」

表出している問題は、生活困窮者＝生活保護世帯＝高齢者世帯という、日本社会の図式そのものである。貧困世帯や貧困者を再生産させている働き方を問わずして、かつてのスローガンのような「豊かな老後」の達成への展望はまずはもって生まれない。

働き方については、日本の労働市場、就中、正規労働者と非正規労働者の賃金格差などが問題視されてきた。他方で、人手不足から労働コストが上昇することで日本産業の国際競争力の低下を危惧する声もある。現実は、人手不足にも関わらず、正規と非正規を問わず、労働賃金の上昇幅はむしろ低く抑えられてきた。

国内の労働需給動向からすれば、労働市場の需給関係は市場メカニズムの下では、本来は、賃金を押し上げる方向に向かうはずである。にもかかわらず、さほど賃金が上昇していないとすれば、供給側の動きに着目する必要がある。たとえば、高い労働工賃を避けるための海外生産の拡大に加え、日本人労働者に比べて相対的に低賃金が期待できる外国人労働者の雇用が進んできた。

日本で働く外国人労働者数は、厚生労働省の調査によれば、二〇一六年には一〇〇万人を超えた。在留資格別では、その三分の一強が日系人、一週間に二八時間以内の労働時間制限のある留学生が五分の一強、技能実習生がほぼ同比率である。雇用する側は、現在のところ製造業が中心となっているが、次いでその他の専門・技術分野となっている。

技能実習制度は一九九〇年代前半に導入された。当初は、開発援助の一環であった。その後、アジア諸国の工業化と技術的なキャッチアップで、実習生を取り巻く環境も大きく変化した。現在、実習制度の拡大というかたちで、実質上の外国人労働者の雇用拡大が進もうとしている。

現在、高齢化の進展の下で介護労働力の不足と、そこに起因する人件費の高騰から、十二分な制度が整備されないままに、介護現場への外国人労働者の一層の導入が進みつつある。この状況は、今後、大きな政治・社会問題を生み出すことが予想される。

高齢化社会の問題について、外国人労働者の雇用政策や移民政策を踏まえた上で、今後、どのように政策的な知恵を絞っていくべきなのか。高齢化社会の進展を押しとどめることはできない。これは国民全体の意識に関わる課題であり、どのような制度設計を行うのかという問題でもある。

2　政府の高齢化社会対策についてみておこう。

平成三〇［二〇一八］年に、内閣総理大臣と各閣僚の参加した「高齢社会対策会議」が開催され、『新しい高齢社会対策大綱』が決定された。この種の大綱の決定には、それに先立って検討会が組織される。今回も学識経験者などが参加する「高齢社会対策の基本的在り方等に関する検討会」の会合が六回にわたって重ねられた。その報告書は前年一〇月に発表されている。

同大綱は策定の目的について、つぎのように掲げている。「六五歳以上を一律に『高齢者』と見る一般的な傾向はもはや現実的なものではなくなりつつあり、七〇歳やそれ以降でも、意欲・能力に応じた力を発揮できる時代が到来。高齢化に伴う社会的課題に対応し、全ての世代が満ち足りた人生を送ることのできる環境をつくる」。つまり、従来の高齢者＝一律六五歳以上を見直し、今後は「七〇歳以上とする再定義」の提案である。

そして、基本的考え方として、つぎの三点が掲げられた。

（一）年齢による画一化の見直しと、すべての年代層が希望に応じ意欲・能力を活かした活躍できる「エイジレス社会」をめざすこと－「年齢区分でライフステージを画一化することの見直し」、「誰もが安心できる『全世代型の社会保障』も見据える」。

（二）地域での生活基盤の整備、人生のどの段階でも、高齢期の暮らしを支えることのできる地域コミュニティの形式－「多世代の協力拡大や社会的孤立を防止」し、「高齢者が安全・安心かつ豊かに暮らせるコミュニティづくり」をめざす。

（三）技術革新の成果が可能となる高齢社会対策の志向―「高齢期の能力発揮に向けて、新技術が新たな視点で、支障となる問題（身体・認知能力等）への解決策をもたらす可能性に留意」する。

また、分野別の基本施策については、つぎの六項目が示されている。

（一）就業・所得に関して―「エイジレスに働ける社会の実現に向けた環境整備（副業・兼業の普及促進、リカレント教育(*)の抜本的拡充、高齢期の起業支援・公務員の定年引上げの検討）」、「公的年金制度の安定的運営（年金の受給開始時期の選択肢の拡大（七〇歳以降）の検討）」、「資産形成等の支援（個人型拠出年金制度等の普及、高齢期にふさわしい金融商品・サービスの提供、認知能力低下に対応した高齢投資家の保護）」。

（二）健康・福祉に関して―「健康づくりの総合的推進（健康寿命延伸に向けた取り組み、ライフステージを通じた健康づくり、スポーツ活動）」、「持続可能な介護保険制度の運営（地域包括ケアシステムの進化・推進）」、「介護サービスの充実・介護離職ゼロの実現（介護職員の処遇改善、介護サービスの質の向上）」、「持続可能な高齢者施策の推進」、「認知症高齢者支援施策の推進（新オレンジプラン等による適時適切な医療介護）」、「人生の最終段階における医療の在り方（相談に適切に対応できる人材の育成、国民向けの情報提供）」、「住民等を中心とした地域の支え合いの仕組み作りの促進」。

（三）学習・社会参加に関して―「学習活動の促進（多様な学び直し機会の提供、社会保障教育の推進、ICTリテラシー・サポート体制整備）」、「社会参加活動の促進」。

（四）生活環境に関して―「豊かで安定した住生活の確保（リバースモーゲージの普及）、住宅確保要配慮者向け賃貸住宅の供給促進」、「高齢社会に適したまちづくりの総合的推進（生涯活躍のまちづくり、バリアフリー環境の整備、コンパクト・プラス・ネットワークの推進）、「交通安全の確保と犯罪（災害等からの保護、運転免許制度の見直しの検討等高齢運転者の特性を踏まえた対策推進、安全運転サポート車の普及啓発）」、「成年後見制度の利用促進（地域連携ネットワークの構築、欠格条項の見直し）」。

（五）研究開発・国際社会への貢献等に関して―「船員技術の活用及び高齢者向け市場の活性化（介護ロボットの開発、ゲノム科学、無人自動車運転移動サービス）」、「研究開発等の推進と基盤整備（統計・制度の目的に応じ、年齢区分を七〇歳、八〇歳など細分化したきめ細かい現状分析、官民データの利活用の推進）」、「諸外国との知見や課題の共有（日本の介護を学び従事するアジア人材の拡大等、日本の知見の国際社会への展開、課題共有・連携強化）」。

（六）全ての世代の活躍推進へ向けて。

＊リカレント教育――スウェーデンの経済学者の提唱した教育概念であり、学校教育を終えた後の社会人の生涯教育を意味することも多い。経済協力開発機構（ＯＥＣＤ）の教育政策会議が一九七〇年に取り上げたことで、各国でも取り組みが始まった経緯がある。北欧諸国での有給教育制度、日本での放送大学プログラムもその事例であるといってよい。

このほかに、「推進体制等」として「数値目標等の設定」と「関係行政機関間の緊密な連携・協力」が掲げられた。

『大綱』にみられる政府の高齢化対策の方向性は、暦年齢で一律的に高齢者を定義するのではなく、できるだけ「現役」として長く働いてもらうこと―エイジングレス―で、年金支給の時期をできるだけ遅くして、社会保障関連予算を抑制することにある。これについては、福祉国家の「先頭走者」である北欧諸国においても、高福祉高負担という枠組みが徐々に困難となることが予測され、個別の社会福祉制度の再検討に加えて、年金などの支給年齢の引き上げや、医療施設の増設・拡充に代わる在宅医療制度の充実が進められてきた経緯がある。

日本の場合、「高福祉高負担型」の北欧諸国と比べて、「中福祉低負担型」ではなかったかと、わたしは考える。これまで低負担であったのが、将来的に先の大綱が示唆するように、高負担への途を開くことができるのかどうか。そこにはエイジングをめぐる政治的利害、より端的にいうと利害論が生じざるを得ない。そのなかで、国民全体の福祉水準をどのようにして向上させ、維持するのか。わたしたち国民が避けて通ることのできない課題である。

エイジングと利害論

1　内閣府『高齢社会白書（平成三〇年度版）』は、日本の高齢化の状況を、「現役世代一・三人で一人の六五歳以上の者を支える社会の到来」ととらえた。これについては、具体的な数字もある。「六五歳以上」と「一五～六四歳」の人口比率の経年変化である。すなわち、

（一）一九五〇年――一人対一二・一人

（二）二〇一五年――一人対　二・三人

（三）二〇六五年――一人対　一・三人（予想）

背景に、少子高齢化の動きがあるのはいうまでもない。同白書は平成二八［二〇一六］年の平均寿命を男性八〇・九八歳、女性八七・一四歳と紹介し、「今後も高水準を維持していくことが見込まれている」とす

る。

公的年金など十分な社会保障給付は将来において期待できない。そうだとすれば、高齢者の金融資産の取り崩しの可否が大きな課題となる。「家計調査」などからみれば、六〇歳代以上の年齢層は住宅ローンなどを抱える若年・中年齢層と比較して、貯蓄などの金融資産保有額が大きい。年金等を含めた収入面でも、きわめて豊かな老人世代も多い。一方で、無年金層も存在する。この意味では、高齢者世帯間の年金支給の再配分によって、高齢者が高齢者を支えることも必要となる。このような政策が今後、登場する可能性がないとはいえない。むろん、そこには年齢だけではなく、世帯間の利害関係があり、大きな政治課題となることはいうまでもない。

この種の問題は日本だけではなく、欧州諸国などにも共通した政治課題＝制度づくりである。具体的な対応策ということでは、それぞれの地域での取り組みという地方政治の課題でもある。実際には、予算削減や制度の縮小再編という痛みの伴う「不利益」の配分あるいは再配分になる。それゆえに、高齢化社会への対応策は、しばしばイノベーションなど新たな先端技術産業の育成など、利益の配分に関連させても語られる。

イノベーションといえば、それは社会にとっての便益の拡大＝利益の配分や再配分に結び付く可能性があるからだ。前述の『高齢社会白書』でも、イノベーションの事例として、身体や認知能力の低下を防ぐ人口知能（ＡＩ）を応用した「セラピーロボット」、「コミュニケーション・ロボット」、「対話ロボット」の開発、高齢運転手の安全運転を支援する「セーフティ・サポートカー」を紹介している。さらには、医療費、とりわけ、医療に関わる人件費節約のための人口知能の応用の可能性にも言及する。

しかし、住みやすい環境などインフラ整備には、個別対応では限界がある。これらは町づくりにも関わる取り組みである。町づくりといえば、たとえば、バリアフリー、公共交通、高齢者が借りづらい民間賃貸住宅を補う高齢者向け公的住宅の整備など公的支援に限定されがちである。しかし、従来の公的支援に代わる、介護や老人独居世帯の見守り、シェアハウスなどに関わる高齢者支援サービス＝コミュニティビジネスなどが、民間ベースで進めば、地域雇用の受け皿ともなる。こうしたビジネスへの支援も重要である。その実現のためには、従来型の公的支援を補完する、新たな制度的支援を探る必要がある。

2　昨今、欧州諸国では、貧困問題や経済格差問題への政策的取り組みも変わってきた。政策対象を、たとえば貧困層だけに限定して、課題解決につながるのかどうかは疑問だ。政策対象を社会全体から引き離して、単独の政策対象とする制度設計が正しかったのかどうか。むしろ、政策対象を社会的に広く包摂することによって全体の調和をはかることが重要ではないのか。

一般に、貧困問題は経済的側面、とりわけ、収入の多寡による所得格差の問題に等値されてきた。だが、「社会的包摂」という視点から貧困問題をとらえれば、貧困とは、所得向上の「場」や「機会」から対象層が排除されていることに起因する。貧困者がそうした機会に恵まれている（＝包摂）とすれば、就業機会も増え、公的扶助に依存する必要はなくなる。

国立社会保障・人口問題研究所などの調査からみると、貧困世帯と単身世帯の重なりが見て取れる。ここでいう貧困は、相対的貧困である。日本では、高齢者世帯、とりわけ単身高齢者世代の貧困率が気がかりである。単身高齢者の貧困状況は、健康を維持するうえでも厳しい状況にある。それは、医療機関への「機会」や「場」からの排除の結果ともいえる。貧困とは単に生活維持のための収入を得られないだけではない。

医療などのサービスを利用できない経済問題でもある。

貧困問題に取り組んできた阿部彩は、『弱者の居場所がない社会―貧困・格差と社会的包摂―』で、貧困問題の根幹にある問題の本質を、つぎのように指摘する。

「経済的貧困には、ただモノがないというだけではないさまざまな側面がある。経済的制約は、しばしば、人々を束縛する。それは、選択肢がないこと、ゆとりがないこと、時間がないこと、将来の見通しが立たないこと、安心がないこと、にもつながる。

さらに、経済的制約は、他者との交流やつながりさえも奪う。所得が低い層ほど、孤立の度合いが高いことは、さまざまなデータからも確認される事実である。さらには、現代社会において経済的地位は、社会的地位を意味し、社会の中で低い順位に常におかれていることは、精神的に大きな苦痛である。それは、人として敬われないこと、自尊心を失うこと、希望がないこと、につながる。そして、経済的貧困は、究極的には、人々を『社会的孤立』に追い込み、『居場所』さえを失ってしまう。このような状態を『社会的排除』という。……人間が生きていくうえでの精神的な豊かさとは、安心感や、人々とのつながりや、自尊心や、希望や、安定した居場所に基づくものではないだろうか。経済的貧困自体に、精神的豊かさを奪う性質があるというのではない。私たちの生きているこの社会が、経済的貧困と精神的貧困を連動させるような仕組みになっているのである。」

経済的貧困は、精神的貧困へと結びつきやすい。精神的貧困は、社会的孤立と決して無関係ではない。阿部は、経済開発協力機構（ＯＥＣＤ）の「社会的孤立」―友人・同僚・社会団体の自分の家族以外の人と一緒に過ごす度合い―に関する国際比較指標に言及し、日本は、精神的貧困度が二一か国中「群を抜いて高い」ことを指摘する。これは、現代日本社会において「いざというときに頼れる人がいない」状況にいる人たちが多いことを示唆するものだ。

背景に、周囲との関係をうまく築けない人たちの増加がある。たとえば、短期間で職場が変わる派遣社員の場合、周囲と関係を持たないことが暗黙裡に設定される。つまり、彼らの場合、顔と名前がわからなくとも成り立つ、マニュアル的な仕事が基本である。日本において、わずか一世代の間に、職場での人と人との関係は大きく変化してしまった。

従来の日本社会は、不利益以上に利益が相対的に平等に分配されることで、国民の中流意識が形成されやすい社会であった。だが、エイジング社会の到来は、不利益をどのように国民各層に再配分するかの時代でもある。国債問題やこれに先立つ租税政策をめぐり、暦年齢各層の利害対立が展開する。これは避けることができない。健全な議論の上での決定が前提となる政治が求められる。

エイジングと改革論

1　エイジング社会の利害論は、

縮少経済あるいは定常経済の下で、利益よりも不利益の「平等的」配分として登場しやすい。一口に高齢者といっても、高額所得者もいれば、無年金の老人もいる。年金論としては、高額所得者に対する公的年金支給の是非も問われる。また、各種社会保障制度のコスト見直しの動きも出てくる。介護保険などについても、受益者負担が必要となる。それについては、国民的合意は容易に得られそうもない。改革は一筋縄にはいかない。

受益者負担の場合、介護サービスも列車のように等級制をとることになる。つまり、乗車券は一定金額でも、追加料金込みの特急券により一等車、二等車、三等車となるようなシステムである。イメージ的には、ナショナルミニマムが三等車で、二等車、一等車と、本人の個人負担額が増える。この種の受益者負担サービスの導入は、制度維持のために総コスト削減をはかる試みの一つである。問題はナショナルミニマムの基準をどの程度にするか、である。これも財政的制約の下での国民的合意を必要とする。

他方、給付サービスコストの削減への取り組みも必要だ。今後、介護サービスへのハイテク補助機器などの導入もある程度進むであろうが、基本的に介護サービスは、人が人に接する労働集約的な仕事である。したがって、介護コストの削減は人件費の削減が大きなカギをにぎる。この課題は、外国人労働者問題とも関連して今後、重要度を増す(*)。人口減少社会になった日本社会では、建築、製造、小売業―とりわけ、コンビニエンスショップ業界―でも、アジアからの外国人労働者が政府の統計上も増え続けている。介護サービス業界でも同様である。

＊二〇一八年に入り、外国人労働者の受け入れ拡大をはかるための新制度導入をめぐる動きが活発化した。「入管難民法」の改正では、特定技能一号（一定技能が必要な業務への就業資格）と特定技能二号（熟練技能を必要とする業務への就業資格）が設けられ、一号は在留期間が通算五年で期限更新なし、二号は期限更新と配偶者・子供の帯同可能とし、また、人手不足が解消されれば一時的に受け入れ停止の措置が設けられ、出入国在留管理庁の新設も盛り込まれた。この新制度で予定されている外国人受け入れ数は、一四業種二六万二七〇〇人～三四万五一五〇人で、そのうち五～六万人が介護職となっている。次いで外食が四・一～五・三万人、建設が三～四万人、ビルクリーニングが二・八～三・七万人、飲食料品製造が二・六～三・四万人、宿泊が二～二・二万人である。

外国人労働者の増加は、その労働条件もさることながら、今後の定住に関わる課題を浮き彫りにさせる。また同時に、日本人の働き方や労働条件なども問われる。外国人労働者＝低賃金労働力というステレオタイプ的な国民思考があるとすれば、それは大きな誤りである。外国人を移民として認めれば、日本人と同じ権利と義務を保障することになる。外国人雇用に関しても、日本の労働法規の遵守が当然である。

しかしながら、名ばかりの学校での勉学資格＝留学生や技能実習制度という在留資格＝研修生の雇用が進展する背景には、外国人労働者を移民ではなく一時的な就労者として受け入れ、労働コストを削減する「意図」がある。日本社会は、移民問題という課題に否が応でも正面から向き合う時期にすでにきている。

厚生労働省の統計（『外国人雇用状況の届出状況』）によると、二〇〇八年には外国人労働者の数は約四九万人であったのが、二〇一六年には約一〇八万人、二〇一七年には約一二八万人と、増加している。産業別の就労状況は、製造業が全体の約三〇％、商業・宿泊業・飲食業で約二五％となっている。なお、外国人技能実習生の数は二〇一一年には約一四万人であったが、五年後には約二一万人と二〇万人を超えた。特にベトナムからの技能実習生の増加が目立つ。外国人労働者を「在留資格」別にみると、「技能実習生」、「留学生」、「専門的・技術者」の順となっている。

他方、在留外国人の数は二〇一七年半ばには、約二四七万人となっている。出身地別では、全体の約八三％が中国、韓国、フィリピン、ベトナムなどのアジア諸国からである。ブラジルなど南米は約一〇％である。

今後、エイジング社会において、介護サービスなどの分野で、外国人労働者を安易に活用するのではなく、日本人も外国人も含めて働き方やその底流にある労働条件の正常化が必要である。そういう改革なくして、介護される方も、介護する方も幸せな人生が送れるのかどうか、問われている。

2　エイジング社会は、確実に、日本国民が先送りにしてきた税制改革への取り組みを促す。国債発行

で消費税などの税率引上げは先送りされてきた。だが、無制限な国債発行が可能であるはずはない。今後、わたしたちは税制を含めて政府の財政政策に向き合うことになる。政治的無関心では、その代償は大きいものとなる。

どこの国においても、税制は複雑化し、一部の専門家を除いては税制度の理解は一筋縄にはいかない。その理由の過半は、課税や税率をめぐって産業界や個人間の利害を擁護する政治が行われてきたからだ。

税制度の専門的調査ではないが、ハイテク産業の調査でフィンランドなど北欧諸国を訪れた際、多くの人は税率の高さを指摘するものの、重税感については日本人ほどに不満をこぼす人は多くなかった。それは、税率が高いと感じても、充実した公的サービスとして還元されていると多くの人が感じているからに違いない。すくなくとも、税金に対するベネフィットへの肯定的な認識が国民間で共有されている。

税法学者の三木義一も、『日本の税金（第三版）』でこの点にふれ、「（日本では－引用者注）税を支払ったことによる恩恵を実感できない政治が行われているからであろう。高い税負担率なのに重税感が少ないといわれている北欧諸国と低い税負担なのに重税感の強い日本との差は、結局政治の質の差かもしれない」としたうえで、高齢化社会と消費税との関係について、つぎのように指摘する。

「消費税導入当時、消費税は高齢化社会のための税制ということが強調された。……しかし本当の意味は、所得税だけに頼っていると勤労世代しか所得がないために、世代間の負担の不公平が生じ、高齢化社会では勤労世代の割合も減少するので、高齢者にも一定の負担を求めるために消費税が必要である、ということであった。……しかし、高齢者は若者世代に比して、資産を多く所有し、所得も決して少なくない。……高齢者世代では資産格差や所得格差が著しい点なのである。このように資産格差や所得格差が著しい世代が増えていく社会に、一律に負担を課する消費税がはたして本当に適切なのかは疑問が残る。」
高齢者＝退職者の増加は、勤労所得や事業所得の稼得者の減少を意味する。そのため、従来の所得税に依存する租税構造は脆弱となり、他の税源や国債の発行による財政確保が一層必要となる。消費額の多寡はあるものの、年齢に関わりなく、人は消費する。この意味と範囲では、消費税は課税する側にとっては便利で取りこぼしのない税源である。

また、相続税も大きな税源となりうる。しかし、おそらく、「お上」目線で、国民に納税義務ばかりが課されることには不満が大きい。

今後、現行税制の単純化と「見える化」が保証される必要がある。そのためには、納税者の権利が正しく行使されねばならない。制度としては、現在でも納税者側から異議申し立てができる。しかし、現実の運用制度として、国民に利用しやすいものとなっているだろうか。日本の場合には、税制に関しては「国は強し、されど国民は弱し」という関係ではないだろうか。

世界を見渡せば、一九八〇年代には主要国で「納税者権利憲章」が制定され始めた。その底流には経済のグローバル化―巨大企業の多国籍にわたる経済活動の拡大―によって、税金の捕捉が複雑・困難となるなかで、国内活動のみの中小企業や一般国民に課税の不公平感がますます醸成されることへの危惧があった。日本も一層の高齢化に向けて、納税者の権利が保障され、税の使い道についてもきちんと国民的議論ができる土壌づくりが必要なのである。

第五章　ヤング&オールド

誰でも年をとっていく。しかし、いつから高齢者（老年期）になるのかその時期をはっきりさせるのは大変難しい。高齢者の「高」とはいかなる高さ、つまり何歳からをいうのだろうか。

（藤田綾子『高齢者と適応』ナカニシヤ出版）

1　ヤング・オールド論

高齢者の定義は、五〇年前と現在とでは異なる。それは平均寿命の差異にも歴然と表れている。また、現在、健康寿命という考え方が重視されるのは、健康で生活することと、健康ではない状態で生きることとの差異が非常に大きいことが背景にある。いつからが「オールド」で、いつまでが「ヤング」なのか。それは暦年齢で明確に区分できるものではない。しかし、この点の国民的議論がきわめて重要なのである。高齢化社会に関する議論は、ヤング層がオールド層を支える構図でとらえられることが多いゆえに、ヤング対オールドの二項対立的な構図にいつも等値される。

ヤングにはオールド以上に個別の多様な事情もある。ヤングであっても働くことのできない層や、オールドであってもヤング以上に所得が多い層もある。日本の経営層の年齢をみてみれば一目瞭然であろう。オールドであっても、一定の年齢層で一律定年する層と、高齢で働き続ける経営層がある。したがって、ヤング・オールド論（ヤングとオールドの二項対立）は、ヤングでもオールドでもそれぞれの実態をしっかり把握したうえで論議すべきである。

そのうえで、ヤング層とオールド層とのたえざる対話の下で、高齢化社会への対応策や解決策が模索されなければならない。人は誰でも年（歳）をとっていく。それゆえ、ヤング層の将来像、自分たちはどのように年（歳）を重ねていきたいのか、つまり、自分たちがどのような未来を望むのかという、「未来からの質問」が重要なのである。

この質問への意識があってこそ、高齢化社会の課題解決にむけて、国民の統一的な歩み＝対話を踏み出せるのはないだろうか。日本の近代化、あるいは、近代社会という場では、ヤング層とオールド層の分離が進む方向にあった。しかし、かつての家族構成は大きく崩れて、単身世帯化も進んだ。都市も農村もいまでは、オールド世帯のみ、ヤング世帯のみが普通となった。つまり、個人―アトム―化が進んだのである。このアトム化は、個人の社会的孤立を一層進め、孤立化が、ある意味、精神疾患に苦しむ人たちを増加させつつある。

フィンランド北部の小さな病院で、社会的孤立に苦しむ精神疾患者の治療をめぐってオープンダイアログの手法などを発展させてきた、臨床心理士で心理学者のヤーコ・セイックラ、実践家のトム・エーリック・アーンキルは、その経験を記した『オープンダイアログ』で、単に精神疾患治療だけではなく、わたしたちの社会においてこそオープンダイアローグ―心理社会的支援―が重要であると、つぎのように指摘する。「多くの社会的仲介者たちが消え去り、個人は以前よりむきだしで社会と直面することになった。……（専門家による支援においては―引用者注）専門化したがために抱え込むことになる代償は、当の『専門化』によってつくりだされた複雑性そのものなのである。

個人は伝統的支えの喪失という代償を支払いながら、伝統的な束縛から解放される。それと同時に、専門化システムはよりいっそう深く専門化していく。なぜならば、専門家の各々の領域は、人々が伝統的な結びつきから独立して生活するのを助けるからである。……現代社会では、多種多様な問題を抱えた人々は、多くの専門家に会い、複雑で多様な専門家システムの中で話し合っていかねばならない。……現代社会の問題がどのようにして具体的な状況の中から生じてくるのかを理解するためには、『システムは境界を越えた相互作用から生まれる』という考え方が役に立つ。」（高木俊介・岡田愛訳）

ヤーコたちは、自らの経験を通して、境界を越えた相互作用のシステムこそが問題解決のために重要であることに気づいたという。彼らは「多様化する専門家」＝「マクロ的な様相」と個々人の「ミクロ的様相」をつなぐ「境界システム」＝「共進化（co-evolution）」の重要性かつ実践性を、精神医療の実践の場を通して発見していった。

この相互作用システム、すなわち「対話」の重要性は、組織管理においても重要視されつつある。同書の訳者は、この点について「あとがき」で「このような一般に流布している『対話』という考え方は、その多くがビジネス書に分類されているように、結局は組織の発展のために用いられてきました。つまり、効率性を求めるこれまでの資本主義経営の行き詰まりを、対話という方法を用いて生まれるイノベーションによって打開し、資本主義のサイクルを回していくための『手段』となっているのです。ここには、ビジネスがうまくいくことで個人的に報われる気持ちは持てるでしょうが、ひとりひとりの人生や生活の中に『対話』が生きて根づくことにはなりません」と述べ、イノベーションへの楽観的な信仰を批判する。

オープンダイアログの手法は、企業などの組織管理だけではなく、社会のさまざま課題を解決するために有益なものとなりうる。ここでのポイントは、それが、対話する双方が「共進化」できる領域の拡大につながっているのかどうかである。高齢化問題には、医療関係者、介護関係者、社会福祉関係者など専門家の支援がマクロ的な様相において重要である一方で、蛸壺型の支援によって、かえってミクロ的な様相の問題や課題が見えづらくなっている現状がある。オープンダイアログの精神と方法論に注視すべきである。

2　社会の年齢構成などの変化は、個人の意識のみならず、組織や集団の編成原理などにも大きな影響を与える。多くの先進諸国では、ここ半世紀あまりの間に平均寿命が延び、働くことや余生についての考え方が大きく変化しつつある。働く期間、年金など社会保障制度を支える国家財政のあり方や、退職年齢も見直される傾向にある。

人は平均寿命の伸びとともに、より長く働く、正確には働かざるを得ない。でも、一生働くことができない以上、一部の裕福な老人層を除き、年金のほかに、必要に応じて、老後における公的補助が必要となる。

制度的にも、働いた期間中に払い続けた社会保障費の「還元」とともに、現役世代からの「所得移転」＝租税からの移転も必要となる。後者については、日本の税制の透明性は低い。いわゆるサラリーマンなど給与所得者であれば、給与明細に所得税や住民税などの金額の記載がある。その上で政府の財政支出が具体的にどのような構成になっているのかが示されれば、人の納税意識も変わる。欧州諸国などと比較して必ずしも重税とはいえないのに、日本人の重税感が強いのは、公的サービスの質の問題もあるが、自分たちの税金が一体何に支出されているのか、その情報開示が日常的にわかりづらいからである。政府と納税者との間にある、日常的な情報の非対称性は、問題視されてよい。

こうしてみると、高齢化社会は、いままで経済成長の陰に隠れて見過ごされてきた諸問題や、これら諸課題を通じて成熟した社会や経済とはどうあるべきなのかを、オールド側からだけではなく、ヤング側からも、再考することを促す。それによって、より均衡のとれた社会原理や経済原理への問いかけとその実践が求められることになる。財政学者の神野直彦は、それを「分かち合い」の原理に求めようとする。神野はスウェーデンなどの北欧社会のあり方を念頭において、日本社会の進むべき方向性を『「分かち合い」の経済学』で、つぎのように指摘する。

「共同体にあっては、すべての共同体の構成員が、共同体に参加して任務を果たしたいと願っている。高齢者であろうと、障害者であろうと、誰もが掛け替えのない能力をもっている。しかも、そうした能力を共同体のために発揮したいという要求をもっている。そうした欲求が充足された時に、人間は自分自身の存在価値を認識し、幸福を実感できるからである。これが『分かち合い』の思想である。」

みんなが分かち合うには、それなりの経済成長が必要となる。それが困難なら、分かち合うルールが必要である。自由主義ルールをとっていては、富める者がさらに富む「マタイ効果(*)」の支配する経済社会となる。神野の提案する、日本の目指すべき方向性は、米国社会のようなアングロ・サクソン・モデルではなく、スウェーデンに代表される北欧モデルである。北欧では、人に投資することを優先させる知識産業転換のモデルが優先されてきた。中小企業政策の研究者であるわたし自身は、フィンランドなどの中小企業政策の研究を通じて、神野の指摘する北欧モデルにはピンとくるものがある。

＊マタイ効果――新約聖書の「マタイ福音書」の一節―好機に恵まれた人ほどさらに好機に恵まれやすくなる―から、富める者はますます富めるようになり、貧しい者はますます貧しくなることを示唆する。

他方、日本の中小企業政策の対象は組織としての企業である。その場合、公的融資や助成金はそれを受けた企業が倒産すれば、サンクコストとなる。北欧のように助成対象が人であれば、人が他の組織へ移動することで、サンクコストの喪失額は少なくなる。また、人への公的投資を優先させて産業間や企業間の移動を促進させれば、経済社会の活性化の可能性も高くなる。北欧の経済政策思想の根底には、そのような政策思想がある。労働政策との関係では、リカレント教育導入に熱心であった北欧モデル（＊）では、再教育や再訓練を通して積極的な労働流動化が重視されてきた経緯がある。

＊たとえば、つぎの拙著を参照のこと。寺岡寛『比較経済社会学―フィンランドモデルと日本モデル―』信山社（二〇〇六年）。

歳を重ねれば、人の知識や経験などはやがて陳腐化する。そこで必要なのは同世代や異なる世代間の知識移転を通じた積極的なつながり―ネットワーク―である。神野は「分かち合い」について、「知識社会においては、知識を個人が蓄えていても意味がない。自らの知識や能力を、他者に惜しみなく与えなければ知識社会は発展しないのである。すなわち、知識の『分かち合い』である。工業社会においては単に蓄積することが美徳であったとすれば、知識社会では与え合うことが美徳となる」とする。

別の表現では、この種の「分かち合い」のネットワークは、「社会資本」であり、「知識資本」である。知識社会への転換は、容易ではないゆえに、その種の冒険的行動には社会的セーフティーネット＝社会資本も必要となる。神野は、北欧社会は、「福祉（welfare）国家」のイメージが強いが、実際のところ「働くための福祉（welfare to work=workfare）」が重視される国家であるとして、つぎのように日本の取り組むべき課題を提示する。

「ワークフェアといっても二つのタイプがある。一つは、新自由主義の唱えるワークフェアである。つまり、貧困の原因が怠惰にあるとして、社会保障給付に就労を課していくという意味でのワークフェアである。もう一つは、能力開発型のワークフェアである。スカンジナビア諸国が採用しているのは、この能力開発型のワークフェアとなる。衰退する産業から新しく成長する産業へ転換していく明確なヴィジョンによって裏付けられているのである。

スカンジナビア・モデルが雇用の弾力性の強化を積極的労働市場政策とセットにして進めているのに対し、日本にしろアメリカにしろアングロ・サクソン・モデルでは、労働市場の弾力性を強める目的は、賃金を低下させることにある。合理化を推進して可能な限り、人間的能力を必要としない単純労働を創り出すとともに、労働市場への規制を緩和していく。（中略）……産業構造の転換を推進する意欲の乏しい日本では、新しく生み出される労働市場へ参加する活動保障支援のサービス給付が小さいだけではない。家庭内で無償労働に従事している者に対して、労働市場への参加を保障するサービス給付も制限されている。」

問題は、試行錯誤を伴いつつもヤング・オールド問題の解決を着実にこなしてきた、スウェーデンなど「福祉国家」の北欧諸国から何を学ぶのか、また日本も同様の方向性を打ち出せるのか、である。そこには克服すべきいくつもの課題がある。

一つめの点は、日本は北欧諸国と比べて、制度改革のフットワークが重い国家であること。これは政治的な構造だけではない。二つめの点としては、歴史的固有性の相違、つまり、国民文化の相違があること。とはいえ、高齢化社会の進展に対する政策的方向性にはさほどのバリエーションがあるわけでもなく、北欧諸国の対応方向には一定の普遍性がある。

福祉国家としての北欧諸国については、所得再配分のあり方にまずは注目しておく必要がある。高福祉には高負担が付随する。高負担には一定の経済成長が必要であるが、それは単なる量的な成長ではない。むしろ質的な成長を担保するうえで、神野の指摘のように社会資本を充実させた産業の発展が不可欠である。

そのためには、官民の教育―単なる学校教育ではなく生涯教育―への投資が重視されなければならない。また、政策については、政府財政の透明性に加えて租税制度の正当性と透明性を問うことなくして実際の効果は望めない。究極的に、ヤング・オールド論は税金問題へと行き着かざるをえないのだ。この点はいくら強調しても強調しすぎることはない。

多数派対少数派の政治力学の下では、国政選挙であれ、地方選挙であれ、現在のところ投票者の人口比が高いオールド層の政治力学が働く。さらに、投票率からすれば、ヤング層の投票率は高いとはいえない。人口比×投票率の相乗で、オールド層の政治的要求は民主主義＝多数決主義の下で反映されやすい。

だが、民主主義の第一原則のような「多数決主義」だけが飛び跳ねれば、第二原則である「少数者の意見にも配慮」が打ち捨てられる。要するに、すべての政治案件において、多数派が常に正しいわけではない。多数決主義はしばしば衆愚政治の代名詞であった。そのリトマス試験紙が、税金の徴収と配分であることは、強調して強調しすぎることはない。

自らの暴走を制止する制御装置を内蔵せず、誰も責任をとらない顔の見えない官僚組織を見据えるのに、もっとも重要なのは情報公開である。高齢化社会の支えとなるべき年金など社会保障制度の現状は、わたしたちが認識しているように悪化の一途をたどっている。にもかかわらず、国民の側に危機感が欠如しているのは、情報開示に問題がある、そういっても過言ではない。財務省出身で税制に詳しい弁護士である志賀櫻は、『タックス・イーター――消えていく税金――』でつぎのようにこの問題を的確に指摘する。

「社会保障制度の本当の現状は、一般会計などの表面上の計数を見ていてはわからない。社会保障全体の支出ベースの規模は一〇〇兆円を超えていて、一般会計社会保障関係費支出は、じつはそのごく一部に過ぎない（本書の刊行年は二〇一四年―引用者注）。

社会保障制度全体のうちには、保険方式による保険料と税方式による公的資金との二つの資金源が併存している。このうちでは、支出ベースでみると保険方式を原則とする部分が大きく、社会保障制度の支出のほぼ四分の三を占める。ただし、支出が実際にすべて保険料収入でまかなえるわけではない。そこで、保険方式と言いながらも、そのほぼ半分には税収や公債金収入などの国費が当てられている。……一般開計には計上されていない一〇〇兆円を優に超える社会保障の支出までカウントすれば毎年三兆～四兆円ずつ増えていく。一〇一〇兆円にのぼる政府長期債務残高とは別に一五〇〇兆円もの簿外債務（ただし前提の異なる過大推計である）が存在し、さらに増えつづけていくとも言われる。

こうした潜在的負債を明るみに出し、資金の一覧性を確保するためにも、国際標準に則った厳格な情報開示が求められる。」

政治とは、租税の徴収とその配分のしかたである。そこにはその国の利害関係の構図が描かれる。それが平等性や公平性の原則を反映したものかどうか。平等性や公平性の基準そのものが、その国の歴史や国民性に関連する。何をもって平等とするのか、何をもって公平とするのか、という国民的合意がその国の政治なのである。

ヤングもオールドも

1　そもそも、ヤングかオールドか、といった二択論の立て方が、高齢化社会論あるいは高齢者社会論において正しいのかどうか。「二択論」は、二項対立論のかたちでしばしば提起されるが、エイジング学は、本質からすれば、オールド層の社会、経済、政治の領域への直接的な影響のみならず、ヤング層との関係における社会、経済、政治への間接的な影響をも対象とする。この意味では、エイジング学は、ヤングかオールドかではなく、ヤングもオールドも、の観点から、エイジング社会を構築することである。

ヤングもオールドも、形式的な暦年齢に関係なく、政府を監視しつづける必要性があることを知らしめたのは、「消えた年金」問題(*)が明らかにした、社会保険庁の杜撰な管理実態であった。徴収した社会保険料の不適切な管理、その対象データの不適切な管理、採算を度外視したような年金福祉事業団―その後、特殊法人年金資金運用基金をへて、年金管理運用独立行政法人へ―の事業展開と、その損失は莫大である。しかしながら、一連の失態にも関わらず、関係者の処分についてはつまびらかではない。

＊いわゆる「消えた年金問題」とは、第一次（二〇〇七年）安倍内閣の下で、社会保険庁改革関連法案の国会審議中に、社会保険庁のオンライン・データに不備が多いことが明らかになった。とりわけ、社会保険庁のデーター年金記録―のでた

らめな管理が明らかになった。続いて、厚生年金基金の不適切な管理も明らかになった。

同様のことは、福島第一原発の事故に関わった関係者の処分にもいえる。社会学者たちはこれを「原発ムラ」と表現した。同様の意味で「社会保険ムラ」が形成されていた。その内部については大事故やデータ改ざん問題の露呈がなければ、外部の人たちにはまったくわからないのだ。

マックス・ウェーバーの指摘を俟つまでもなく、これは顔の見えない組織である官僚制の構図でもある。官僚制は顔がないように見えるが、実際にはその内部の「人間」が動かしている。事後的な処理過程を定める法的規制ではなく、事前に事態の悪化を防ぐ個々人のモラルがなければ、官僚制は事故を引き起こすまで、暴走する。

租税問題にしても、日本の租税制度は官僚中心の政治そのものである。一人の官僚は顔の見える個人であるはずだ。それが、自分たちもまた納税者であることの意識がどこかへ打ち捨てられている。このことは、消費税の再度引き上げ問題をめぐる政治と国民の温度差を示す。消費税は高齢化社会の福祉充実をめぐって展開してきたはずである。このことを思い起こしておくべきである。

日本の消費税史では、一九七〇年代後半に、当時の政府部内で「一般消費税」構想が固まり、その時期をめぐる政治判断があった。しかし、結局のところ、一九七九年の総選挙期間中に、当時の大平首相は一般消費税の導入を断念した。結果、赤字国債の脱却と、一般消費税導入なしの財政再建、これこそが早急に取り組むべき国民的政治課題とされた。その後、中曽根内閣は、赤字国債脱却路線を継承しつつも、増税については『政府税調』答申を受けて、売上税案を国家に提出した。これは、国民から大きな反発を生むことになった。

一九八七年に発足した竹下政権は、所得税などの減税措置とともに、福祉の充実をちらつかせた「消費税」導入案を国会に提出した。リクルート・スキャンダル(*)があったものの、この年に、消費税法が成立する。その後、橋本政権、小渕政権、森政権そして小泉政権の下で、懸案の財政問題の解決は先送りされ続けた。小泉政権は歳出削減を優先させ、増税を先送りした。

*リクルート・スキャンダル――情報関連企業のリクルート社が、関連会社のリクルートコスモス社―不動産会社―の未公開株を利用して、政財官界に巨額の贈賄を行った事件（昭和六三［一九八八］年）の総称。当時の神奈川県川崎市の助役へのコスモス株譲渡が明らかになったことをきっかけに、その後、自民党の首相経験者や有力政治家に加え、当時の労働省や文部省の幹部、NTTのトップ、大手新聞社の社長へも株式が譲渡されていたことが報道された。リクルート社の江副社長や幹部が辞任に追い込まれ、有罪判決を受けた。

この小泉路線＝「小さな政府」論は、結果として、現在の格差社会と貧困問題の温床を作り上げることになった。この時期以降、ワーキングプア問題、若者の非正規雇用問題など経済格差の拡大が見られてくる。若者のワーキングプア問題はそのまま、数十年後の高齢者の貧困問題へと着実につながる。この意味で、経済格差問題は看過できない。

2　高齢化社会を、ヤングとオールドという暦年齢別、より具体的には労働人口世代―おおむね六五歳以下の世代―と退職世代―退職後の六五歳以降の世代―でとらえて、社会の人口構成比が変わることで顕在化するようになった諸問題をみてきた。なぜ、そのような問題や課題が顕在化してきたのかというと、高齢化と同時に少子化の進行の影響が、ボディブローのように効いてきたからだ。

年齢別の人口構成比が社会や経済に及ぼす影響はきわめて大きい。それは、生命体の代謝機能が年齢と共に変化するのと同様に、社会のさまざまな組織体―地域社会やより狭い意味でのコミュニティなど―や、経済上のさまざまな組織体における代謝作用、新陳代謝作用が大きく低下してきたことに起因する。

さて、高齢化社会、あるいは超高齢化社会の問題は、財政問題に集約できる。問題解決の重要な手段の一つは、租税問題へのまっとうな取り組みである。税を収める年齢層と税を使う年齢層との関係をバランスあるものにできるかどうか、がポイントである。

むろん、問題はそれだけではない。たとえば、企業活動のグローバル化に伴う法人税の実質上の海外移転―タックスシェルター問題も含め―も、税制のあり方を歪めている。また、年金や医療費などもっぱらオールド層に関わる社会保障制度の維持には、適切な消費税が必要とされるが、負担の公平感において、ヤングとオールドが、どのように税負担を果たすべきなのかも、大きい。

消費税には必ずといってよいほど、逆進性の問題が付随する。それについては、相対的に逆進性を抑えることのできる所得税の引き上げや低所得層の税負担を考慮に入れての食料品など生活必需品への軽減税率などが議論される。

とはいえ、拡大する低所得層への課税に配慮する前に、経済格差そのものを是正する措置がとられなければならない。税率などテクニカルな問題ばかりが議論の俎上に載せられれば、いまでも複雑な税制度をさらに迷路のようなものとさせる。それでは、本末転倒の政策論が闊歩するばかりになる。事実、そのような経緯がみてとれる。

年齢を超えた豊かさ

1　ヤングもオールドも関係なく、エイジングという社会を互いに支えることのできるシステムをどのように構築し、それを創造的に維持することができるのか。こうした問題を考える場合、他の諸国＝隣の芝生がよく見えるものである。見る方の立ち位置や意識がそこに反映されるからである。自分たちの現状を良く踏まえることが、「よく見える」ことの真の意味を探ることになる。そして、その先に何を学ぶべきなのかが明らかになる。

さて、今後、日本でも超高齢化社会の下で、在宅介護や在宅診療の比重が増すことはほぼ間違いない。それでは他の諸国では、どのような取り組みが行われているのだろうか。在宅医療や介護の問題に取り組んできた村上紀美子は、日本が参考とした欧州諸国を実際に訪れた知見を『納得の老後―日欧在宅ケア探訪―』に残している。対象はドイツ、オランダ、デンマーク、英国である。いずれの国も、六五歳以上の高齢者比率＝高齢化では日本を下回るものの、早くから福祉国家として高齢化問題に取り組み、日本が範としてきた諸国である。

村上は、各国での現場体験を通して教訓とすべき制度的な取り組みについて、「欧州の医療や介護は、行政や非営利団体が運営し、企業経営のよさも取り入れています。人々のメンタリティーや気候風土が日本にも通じるところがあり、なじみやすいようにも思います。また、在宅ケアの長い伝統があり、その内容や考え方まで踏み込んでいくと、高齢者のひとり暮らしを支える知恵が豊かです。言われてみれば、当たり前だけれども気がつかなかった、というケアや老いに向けの知恵が多い」としたうえで、各国から学ぶべき教訓をつぎのように整理している。これらの諸点はわたしたちにとっても大いに参考になろう。

（一）個人の生活を尊重したうえでの在宅ケア。あくまでも、本人の自立を重視する取り組み。従来の生活との継続性・使える能力による自立の尊重。とりわけ、デンマークについては、哲学者キルケゴール（一八一三〜五五）のいう「日々の仕事に活かす倫理」＝「自己決定の尊重」、「尊厳の尊重」、「統合を配慮（数多くのスタッフの役割分担ではなく、統合的に取り組む）」、「弱さへの配慮」が定着していること。

（二）介護の必要な人たちの生活環境などを十二分に理解している、普段から接触のある「家庭医」の存在。

（三）介護サービスの必要性の判断から実施までの迅速な動きを可能にするチーム的取り組み。

（四）身寄りがない高齢者について、「後見人になるよう依頼された市民は、特別な理由がないかぎり引き受けなければならない」、市民貢献員制度（ドイツ）。

（五）新しいビジネスモデルとしての、看護師などの小規模チームの小回りのよい介護サービス（オランダ）。

（六）在宅サービスが多くなる場合には、「ケア付き住宅」への移動が可能な制度（デンマーク）。

（七）ＥＵ圏内ならどこでも医療を受けることのできる「医療カード」（デンマーク）。

村上はこうした教訓を生かして、日本でも、「老いを支えるサービスも、制度もシンプルに」すべきとしたうえで、「在宅ケアの要ともいえる、『ケアマネジメント、看護、介護』の三つにどう取り組むかは、日本と欧州で異なるポイントです。日本の現在の制度ではこの三つが別事業なので、一人の利用者に別の事業所からやってくるため、互いの連絡にかなりの手間をとられています。欧州はこの三つが同じ事業所なので、連絡の手間がかからず、状況変化への対応もスピーディです。……欧州の家庭医と日本のかかりつけ医では、仕組みがずいぶん違いますが、学べる点も多くあります」と指摘する。

こうした欧州型の高齢化社会対応システム、就中、北欧型は現役世代の支援を必要としつつも、高齢者が、介護スタッフや医師たちに一方的に頼るのではなく、自宅をベースに自立的に自分自身を支えていく気概が、ベースになっている。このベースがあるからこそ、必要な公的サービスに対応する税負担をやむなしとみる国民的合意がある。

人は歳を重ねて生命の長短はあっても、やがて死を迎える。良く死ぬことは良く生きることでもある。

2

日本の社会福祉制度の歴史を振り返ってみれば、参議院選挙での野党の伸長、地方での革新首長の当選が相次いだ一九七三年に、当時の田中角栄首相が、日本国民の関心が高度経済成長の歪みの是正へと向かうなかで、福祉元年として社会福祉への予算の重点配分を打ち出している。(*)

*ともすれば、高度成長主義者としてステレオタイプ化された田中角栄像が形成されてきた。こうした政治家像はバランスを欠く。政治家や政策者としての田中角栄については、つぎの拙著を参照。寺岡寛『田中角栄の政策思想─中小企業と構造改善政策─』信山社（二〇一三年）。

この時期はある意味で、皮肉なタイミングであったともいえよう。それまでの一ドル＝三六〇円という日本経済にとってきわめて有利な輸出条件が、一九七一年のニクソン・ショック＝ドル防衛策によって、変動相場制へ移行された。結果、円は急激に上昇することになり、高度経済成長の条件は失われていった。戦後復興期以来の高率経済成長による毎年の自然増収に慣れた政治家や財務官僚にすれば、見通しが甘かったことになる。むろん、これは後知恵である。

経済成長による税の自然増収に基づいて高齢化社会への対応をはかる考え方は、高度経済成長の後期には、現実性を欠いた。財務省などが、日本経済の状況から、そのような展望の非現実性に気付かなかったはずはない。

政府の社会保障国民会議も、二〇〇八年夏に「年金、医療、介護、少子化対策の充実と強化」のためには、自然増収に期待できない以上、消費税を中心に増税やむなしと結論を出した。政府もこの報告を受けて、持続可能な社会保障構築とその安定財源確保に向けた『中期プログラム』を閣議決定した。要するに、持続可能な社会保障制度の維持のため、国民にもそれ相応の税負担を求めたのだ。

この結論に至るまでの政治日程には紆余曲折があった。ただし、政権交代後の非自民連立政権、その後の自民党を中心とする政権でも、消費税面での増税の必要性の政治判断において、大きなぶれがあったわけではない。しかしながら、時々の政治情勢—選挙や議会の与野党バランス—の下で、政治判断が優先されてきた。問題は、社会保障制度の維持に加えて、課題とされていた財政赤字の縮小＝財政健全化という政治目標をどこかに忘れてしまったことだ。

国家財政改善については、他国でも消費税の増税のために所得税や住民税の減税が提案されてきた経緯がある。アクセルを吹かせるために、他方でブレーキをかけるという矛盾が、政治のなかではしばしば成立する。納税者の反発や反対に先立って、まずは所得税などの減税を打ち出し、その後に消費税の引き上げを提案するやり方である。

実際には一九九七年末に財政健全化を目的とする「財政構造改革法」が制定され、野放図な赤字国債発行による財政赤字補てんが掣肘される。だが、その後の展開で明らかなように、この種の対応策は画餅となった。このままで日本の国家財政が好転するはずはない、こうした国民の意識が底流となって、小泉政権が成立した。小泉政権では、公共事業を中心とする歳出カットが行われた。モノから福祉などサービスへの経済構造や産業構造の変換が促されたが、増税問題は先送りされた。

ところで、今日の、高齢化社会の抱える問題に、住宅の相続問題がある。高齢者が住んでいた住宅が子供たちに相続され、住み続けられればよい。だが、そうでない場合、空き家問題が短期間に顕在化する可能性が高い。

団塊世代後の空き家率については、さまざまな推計が発表されている。有力シンクタンクなどの予想では、今後の空き家率は三〇％を超えるともいわれる。空き家が増加している一方で、都市計画規制の緩和などによって新築住宅が増加しつづけていることを考えると、将来、この比率はさらに高まる。

相続者が他地域に住居を有し、いわゆる実家に戻ることがなければ、空き家となった住居には固定資産税などに加え、維持費などの負担問題が残る。それ相応の価格で住宅を売却できれば問題はないが、住宅の需給関係が崩れている中で売却はきわめて困難になっていくと考えられる。最悪のシナリオでは、空き家が虫食い的に存在することで、立地環境や近隣のインフラなどの維持管理が難しくなり、住宅の売却はさらに困難になる。こうした悪循環も起こり得ることを想定しなければならない。

地域によっては、今後、空き家がさらに増え続け、その結果、極端に人口密度が低下する。そうした地域では、従来の公共サービスや住民サービスが質量ともに低下することが予想される。この問題について、都市計画家の野澤千絵は、『老いる家　崩れる街―住宅過剰社会の末路―』で、われわれに残された対応時間は長くはないとしたうえで、つぎのように警鐘を鳴らす。

「まちに、適度な人口密度がなくなると、行政のサービスである救急医療、警察の緊急対応、水道の提供、道路の維持管理・清掃、ゴミ回収、はたまた、民間サービスである宅配、訪問介護、在宅医療などの生活に必要なサービスの提供が、移動時間の非効率さや財源不足から、これまでのようにはいかなくなる危険性があります。……公共施設・教育・医療・福祉系施設などの施設も、人口減少・財政難により、統廃合され、現在よりも広域エリアを対象とせざるを得なくなる……」。

そう遠くはない将来において、相続されないままに実質上、放置・放棄された土地・建物への対応が必要となる。実際、親族間の相続放棄も相次ぎ、すでに対応に苦慮する地方自治体もでてきている。

今後は、空き家を取り壊し整地し、公共の共同利用空間やグリーン化(*)―貸出し農地や緑の公園など―して再利用するのも一つの選択肢となる。他方で、介護や医療など公共サービスや上下水道などのインフラに加え、公共施設などを統廃合し効率的に利用するための、よりコンパクトな地域づくりが地方自治体の大きな仕事となる。

*空き地利用については、たとえば、米国ミシガン州デトロイト市では、自動車産業不振による工場閉鎖、その影響による市財政の破綻が起こった。失業者の急増は住宅地域の空き家を増加させた。デトロイト市は、治安悪化の下で空き家と空き地問題に取り組んできた。同様に、重厚長大産業の空洞化のピッツバーグ市もまた、この課題に取り組んできた。いわゆる住宅地域の空き地や広大な工場跡地のグリーン化である。今度、日本も、そうしたグリーン化の手法に大いに学ぶべき点もあろう。

空き家問題解決の方向性には、災害大国の日本では防災・減災のためのまちづくりの視点も含まれるものとなるはずである。従来の人口増加社会の下で制定されてきた法律や制度は、当然ながら、人口減少社会への対応のために見直しが必要となる。

終章　エイジング学再考

人口減少社会……ところが、僕たち日本人はこの起こるかもしれないことについて、「心の準備をする」ということがどうも大変に苦手らしいのです。……今の日本には何のルールも存在しないということです。

（内田樹編『人口減少社会の未来学』文藝春秋）

昨今はアンチエイジングブームで、それら加齢に伴う現象を否定的に捉える向きがあるようですが、しかしこれはもったいないことのように思えます。なぜなら、老いるという経験は、誰も初めてのことであるはずで、せっかくの未知なる経験を、否定してないものにしてしまうのは惜しい。死ぬとか病むとか老いるとか当たり前のことを否定として捉えるから人は苦しむことになるのでしょう。当たり前を当たり前として捉え、なおそれを楽しむという構えが、ひょっとしたら人生の極意なのかもしれません。

（池田晶子『人生は愉快だ』毎日新聞社）

一般的に、社会にはルールが存在する。ルールには法律や制度など外部規制のほかには、個人の中にある「公共心―道徳心―」という内面化された内部規制がある。

高齢化社会には、何かルールが存在するのか。否である。何のルールも存在しないというルールが、今の日本社会の現状かもしれない。

ルールがないのが自由なのか。自由がルールなのか。私たちの社会にとって、「自由」という規範はなんであったろうか。社会が若く、経済が一定以上の成長を続けている場合、私たちは自由についてさほど深く考えずに済んだ。だが、私たちが歳を重ねるように、社会もまたその人口構成比の変化により老いる。これは生物体としての必然性であり、そこには動かしがたい自然法則がある。

果たして、自然法則が私たちの社会のあり方に及ぼす影響とは何であるのか。自然法則と、社会法則や経済法則とは異なるのか。また、それらは従来とはどのように異なるのか。エイジング学はそれを探る。

「老いる」ことの再確認と、超高齢化社会が抱えざるを得ない問題と課題の解決に何ができるか、あるいはその対応が困難であれば、その事情などを明らかにすること、これがエイジング学の目指すべき方向性である。

日本社会は世界に先駆けて、人口拡大社会から人口縮少社会へ向かっている。その下で、経済も政治も大きく変わらざるをえない。もっとも変革を迫られるのが、その慣性的な考え方である。従来のようには、個別活動は必ずしも全体の均衡をもたらさないのである。

前章で取り上げたように、新築住宅が増加する一方、空き家問題は深刻化し、地域インフラに及ぼす影響は大きい。それは展望なき規制緩和の下で、住宅地域の野放図な拡大をもたらした自由の帰結でもある。他方で、既存インフラは更新の時期を迎え、その対応に追われるようになっている。

結果、より効率的な都市インフラ利用を念頭におくコンパクトシティ構想が必要になってきた。そのための市街地再開発も必要になってきている。しかしながら、既存地域の再開発には権利調整などが複雑化する実態もある。解決が長期化する中で、調整が比較的に簡単であった湾岸エリアで、高層マンションやタワーマンション(*)が林立してきた。そのような地域も、やがてインフラの更新を一気に迎える時期がくる。

＊　明確な定義はない俗称である。一般的には、高層マンションとは六階建以上。タワーマンション（超高層マンション）とは二〇階建以上を指す。

すでに郊外では住宅の空き家問題が顕在化している。にもかかわらず、新築住宅は建設されつづけている。わたしの住む地方都市―政令都市の一つ―の住宅地も、そのような傾向にある。このアンバランスを、どのように具体的に解決するのか。

人口減少社会では、全体の経済的パイがなかなか大きくならない以上、その秩序ある配分がますます重要となる。人口減少社会の経済というのは、端的にいえば、一つの地域の「成長」が他の地域の「衰退」を促進することになりかねない状況でもある。一つの地域と他の地域が協力しあって、互いに成長しなくとも、衰退しないように協動するやり方を模索せざるをえない。

どの自治体もわが町の人口を増加するためにさまざまな取り組みをしている。だが、そうした取り組みが、他の地域の人口減少を引き起こし、その地域もまた消耗戦のような対応を繰り広げる。どこかでこの悪循環を絶っておく必要がある。すなわち、これからは市町村の「自主性」に任せてきた政策を、将来的な広域行政の視点から立案・実行する必要性が高まっている。人びとの自由な経済行動を優先させる市場原理が、いついかなる時でも望ましい均衡をもたらすとは限らないのである。

都市計画家の野澤千絵は、前掲書『老いる家　崩れる街』で、日本の住宅問題について、「都市計画や住宅政策が、住宅供給を市場原理に任せたままで、これまでつくってきたまちの新陳代謝を生み出そうという意識や意欲が不足していた」と、首長だけでなく、議員や行政も都市計画や住宅政策に果たすべき役割を果たしてこなかったと批判する。野澤は、高齢化率が高まる下での住宅政策について、つぎのように指摘する。

「今後は、人口を増やしたいがために、どこでもよいから住宅を建てて下さいというのではなく、将来世代に残せるまちの中へと開発需要を誘導することが大事である……住宅過剰社会においては、『開発規制の緩さ』が必要なのではなく、まちのまとまりを形成・維持できるような『立地誘導』こそが、必要不可欠なのです。（中略）人口をとにかく増やしたい市町村は、必然的に自分たちだけの視点・論理で、開発規制を緩和する方向に流れる傾向にあります。」

さらに、野澤は、「これまで公共投資をしてつくってきたまちや老いた住宅が使い捨てられるという、非効率で悪循環の現象がとまらない状況を引き起こしています。……（コンパクトシティや集約型都市構造の考え方を―引用者注）『スローガン』として掲げているだけの市町村が多く、市役所や病院などの公共公益施設を郊外に移転させたり、開発許可の過度な規制緩和によって郊外に居住地を無秩序に拡大させるなど、コンパクトシティとは明らかに逆行した動きが散見される」と現状を紹介する。

要するに、高齢化社会のまちづくりには、「人口の減少」を前提に次世代に負担を増やさない方向性で取り組むべきである。ただし、なんでも計画と規制でことが進められると、調整という利害ばかりが交錯する政治が闊歩することにもなりかねない。

人は、モラル―自制心や公共心―がなければ、市場原理になんでも任せて、自らの行為の波及効果には目をそらす傾向にある。街の景観は、そのことを写し出す。日本の都市の駅前はどこも同じ情景であり、郊外も乱開発の結果、美的統一感があるとはお世辞にもいいがたい。

市場経済の根本原理を、私利私欲の調整機構とすれば、日本の都市とその周辺のスプロール化現象(*)やドーナッツ化現象(**)は、それが、必ずしも全体の均衡をもたらしてはこなかった証拠である。市場原理という力の解決が、長い目でみれば、回り回って個々人の私利の増進につながるとは言い難い。

＊スプロール化現象――スプロールとは「虫食い」状況という意味である。都市が外延的拡大をする場合、多くの場合、郊外への市街地の拡大が起こってきた。その際に、将来を見据えた都市計画―区画整理や土地用途規制など―がなければ、無秩序かつ個別の都市開発が進展するため、街路や道路に加え、公園や緑地帯などの都市インフラの整備も後追い的になり、結果、虫食い的に宅地開発などが起こる。そこから生じる諸問題の解決には多額の社会的費用を要することになる。

＊＊ドーナツ化現象――都市における中心市街地の人口減少と郊外―いわゆるニュータウンなど―の人口増加が同時並行的に起こると、人口分布的にドーナッツのように、都市空間としては真ん中が空洞化すること。結果、中心市街地では居住者が減少し、事務所や商業施設ばかりが増加し、地域コミュニティの縮小が起こる。また、昼間人口（たとえば、郊外などから働きに来る人たち）と夜間人口（居住者）の差異が拡大する。

私益と公益の調和が求められるエイジング社会では、新たなライフスタイル―働き方や生活の仕方―が必要となる。まさに、その点を探究するのが、エイジングに関する総合学としてのエイジング学であるように思える。

最後に、「総合学」としての意味を再度確認しておく。高齢化にともなう問題は、単に「老化」によって起きる諸問題への医学上の問題ではない。それは高齢者が増えることによって起こる生活環境の問題であり、交通問題であり、介護に関わる問題であり、働き方の問題であり、産業の問題であり、財政の問題、である。その連鎖はわたしたちの社会のさまざまな場面に及ぶ。

そうした諸問題と対応課題に横串を入れるのがエイジング学である。高齢化のスピードは思ったより早く、総合学としてのエイジング学の発展は遅いが、さまざまな分野の専門家がエイジング学を意識することで、学問間の横串は、太く、さらに長くなっていくのではないだろうか。

あとがき

人はだれも平等に歳を重ねる。それは、ほとんどの人が納得できる真理の一つである。エイジングはだれにでも訪れる。それは、だれも避けることができない。

だれしも、幼い頃に老人をみると、その人は最初から老人であったように思ったことがあったろう。やがて、まわりのお年寄りが亡くなっていき、世代の新陳代謝が分かるようになる。学生時代を送り、就職したり、家族をもったりと忙しい時期には、自分たちが歳を重ねている過程にいることをしばし忘れる。それが、なんとなく自分たちも歳をとり、若い世代との交代時期を意識する。

歳を重ねれば、人は若い頃とは異なる社会観察の場に立つ。年相応に、問題意識も異なってくる。いまの日本社会は、かつての新陳代謝が激しかった「成長型」社会から、新陳代謝が落ちた「縮小型」社会となった。それを「成熟型」社会への移行時期ととらえるのかどうか。わたしは、すくなくともそのようにとらえるべきだと、本書で主張してきた。

政府の各種統計では、間違いなく、わたしたちの社会は未だ経験のない超高齢化社会へと移行しつつある。実際には、多くの人たちにとり、老いることを実感し、介護や住宅問題などへの認識が深まるのは、身近な人たちの介護や、他の家族や知人の状況に遭遇してからである。

ただし、数字のイメージだけに依拠する高齢化社会からは、成熟社会の将来展望等は生まれ難い。実感論として、積極的な超高齢化社会像を自分の中で取り結ぶ必要がある。わたしたちはそのような時代に生きつつある。

私事にふれれば、三〇歳過ぎのころに、両親が相次いで亡くなった。現在からすれば、必ずしも長命だったとはいえないだろうが、一時期は、勤務地の東京と故郷を週末になれば、介護のため行ったり来たりする生活を送っていた。三〇歳代に入ったばかりで、体力的に可能であったことが幸いした。他方、義父母はともに九〇歳を超えた。その介護に私も多少とも関わることになり、改めて超高齢化社会の問題と課題について思いをめぐらしてきた。これが本書に取り組んだ大きな理由の一つであった。研究者として超高齢化社会を自分の研究分野に、どのようなイメージでとり込めるだろうかという関心もあった。

ある時期―もう一五年も前のことだ―に、退職後の引退世代の観察を自らに課して、講義の合間をぬって、昼間の時間帯にさまざまな公的施設、レジャー施設などを訪れた。そこには、現役世代と引退世代の活動の時間差を反映して、普段、気付かない光景もたくさんあった。

この時間帯に動きまわることで、高齢者の行動がよく理解できたとともに、そこには男女差があることも確認できた。概していえば、女性がグループ行動なのに比べて、男性は、場合と場所にもよるが、個人行動が基本であることも観察できた。老後の生活が、実際には引退前から始まっていることの証であろう。このことについても深く掘り下げたかった。

男性の場合、職場を離れると、職場での人とのつながりも薄れる。退職後は、地域とのつながりを大切にといわれても、すぐにそのような関係は構築できない。現在では、働く女性も増え、男女とも地元とのつながりは時間的に少ない。この意味で男女差が少なくなったとすれば、わたしたちの働き方が問われる。

ある日突然に、老後の充実した引退生活―サクセスフル・エイジング―は、他動的には始まらないのである。いまの言葉でいえば、現役時代の「ワークライフ・バランス」が反映される。本書を執筆するなかで、その思いも深くした。ワークライフ・バランスのなかで、ワークが終わり、ライフだけが始まれば、バランスが崩れて当然である。

一般には、職業としてのワークに代わるものとして、地域でのボランティア活動や趣味活動が推奨される。これにも個人差がある。無償ボランティアだけではなく、有償ボランティア―「ボラバイト」なる言葉もある―もあってよい。技能や知的能力は、必ずしも年齢とともに衰えるものではない。現役の長さにも個人差があり、引退後もこれまでと異なるかたちのワークとなることで、ワークライフ・バランスが保たれる生き方もある。

高齢者の多様なワークライフ・バランスが尊重される社会こそが、健全な高齢化社会の姿でもあろう。人のすべての能力が、ある時期からゼロになるわけではない。加齢による引退を、従来の生き方の「減速」過程とみたほうがよい。この減速が周囲の人たちや、広くは社会にとって有益であることが真のサクセスフル・エイジングではないのだろうか。本書を書き終えてみて、書き始めたころにはさほど意識しなかった結論である。

また、加齢とともに、疾病率が高まるということでは、わたしの世代でも同級生の何人かがすでに鬼籍に入り、あるいは、闘病中の人も増えているのを実感する。そうしたことから、疾病者とも共存できる高齢化社会のあり方を掘り下げたい思いもあった。

なぜ、わたしのような中小企業研究者が高齢化社会問題を取り上げたのかという問いもあるかもしれない。自営業や伝統的地場産業の実態調査の経験者ならわかることだろうが、大企業の職場風景と比べて、それらの職場で高齢者が働く姿は決して珍しいものではなかった。また、多層構造をもつ下請などでは、家庭内の内職的な工程が、いまでいう在宅高齢者に担われているケースも多かったのである。そうした光景を目にしているうちに、わたし自身に、高齢者の働き方に対する問題意識は自然に根付いてきたようにも思える。

いずれにせよ、わたしの研究者としての出自は中小企業や中小企業政策研究であって、そのアプローチは一貫して経済社会学的方法論である。意識はしなかったが、長年の職業勘からか、ついつい、経済社会学から高齢化社会のあり方を論じてしまった。そのような部分も多い。それはあるべき総合学としてのエイジング学からすれば、一つの切り口に過ぎない。だれしも、自らのエイジング学を確立させる必要がある。これからも、エイジング学的視点から決して止まることなく、わたしたちの経済、政治、社会の姿を考えていきたいと思っている。出版にあたっては、信山社の渡辺左近氏にお世話になった。お礼を申し上げたい。

二〇一九年一一月

寺岡　寛

参考文献

【あ行】

アジミ、ナスリーン・ワッセルマン、ミッシェル（小泉直子訳）『ベアテ・シロタと日本国憲法―父と娘の物語―』岩波書店、二〇一四年
アセモグル、ダロン・ロビンソン、ジェイムズ（鬼澤忍訳）『国家はなぜ衰退するのか』（上・下）早川書房、二〇一六年
阿部彩『弱者の居場所がない社会―貧困・格差と社会的包摂―』講談社、二〇一一年
阿部彩・國枝繁樹・鈴木亘・林正義『生活保護の経済分析』東京大学出版会、二〇〇八年
安楽玲子『住まいで「老活」』岩波書店、二〇一八年
飯島裕一編『健康ブームを問う』岩波書店、二〇〇一年
井手英策『幸福の増税論―財政はだれのために―』岩波書店、二〇一八年
稲葉剛『生活保護から考える』岩波書店、二〇一三年
稲葉誠『アベノミクス・竹中平蔵路線による非正規は正規を規定する』都政新報社、二〇一五年
上田惣子『マンガ自営業の老後』文響社、二〇一七年
上野千鶴子『老いる準備―介護することされること―』朝日新聞出版、二〇〇八年
ウォーレス、ポール（高橋健次訳）『人口ピラミッドがひっくり返るとき―高齢社会の経済新ルール―』

草思社、二〇〇一年
内田樹編『人口減少社会の未来学』文藝春秋、二〇一八年
内田満・岩淵勝好『エイジングの政治学』早稲田大学出版会、一九九九年
内山節『怯えの時代』新潮社、二〇〇二年
エイジング総合研究センター編『大転換期日本の人口事情─少子高齢社会の過去・現在・将来─』中央法規、二〇一四年
枝廣淳子『地元経済を創りなおす─分析・診断・対策─』岩波書店、二〇一八年
NHKスペシャル取材班『縮小ニッポンの衝撃』岩波書店、二〇一七年
同『老後破産─長寿という悪夢─』新潮社、二〇一八年
大月敏雄『町を住みこなす─超高齢社会の居場所づくり─』岩波書店、二〇一七年
岡本祐三『高齢者医療と福祉』岩波書店、一九九六年
小倉康嗣『高齢化社会と日本人の生き方─岐路に立つ現代中年のライフストーリー─』慶応義塾大学出版会、二〇〇六年

【か行】

垣内俊哉『バリアバリュー─障害を価値に変える─』新潮社、二〇一六年
加藤久和『世代間格差─人口減少社会を問い直す─』筑摩書房、二〇一一年
ガンジー、マハトマ（田畑健編・片山佳代子訳）『ガンジー自立の思想─自分の手で紡ぐ未来─』地湧社、一九九九年

北野弘久『納税者の権利』岩波書店、一九八一年
吉川徹編『長期追跡調査でみる日本人の意識変容―高度経済成長世代の仕事・家族・エイジング―』ミネルヴァ書房、二〇一二年
玄田有史編『希望学』中央公論新社、二〇〇六年
小竹雅子『総介護社会―介護保険から問い直す―』岩波書店、二〇一八年
小林篤子『高齢者虐待―実態と防止策―』中央公論新社、二〇〇四年
駒村康平『日本の年金』岩波書店、二〇一四年
古谷野亘・安藤孝編『改定・新社会老年学―シニアライフのゆくえ―』ワールドプラニング、二〇〇三年

【さ行】

崎山みゆき（長田久雄監修）『シニア人材マネジメントの教科書―老年学による新アプローチ―』日本経済新聞出版社、二〇一五年
塩見治人・井上泰夫・向井清史・梅原浩次郎編『希望の名古屋圏は可能か―危機から出発した将来像―』風媒社、二〇一八年
志賀櫻『タックス・イーター―消えていく税金―』岩波書店、二〇一四年
柴田博・長田久雄・杉澤秀博編『老年学要論―老いを理解する―』建帛社、二〇〇七年
清水浩昭・工藤豪・菊池真弓・張燕妹『少子高齢化社会を生きる―「融異体」志向で社会が変わる―』人間の科学社、二〇一六年
シュタイナー、ルドルフ（高橋巖訳）『社会の未来』二〇〇九年

シュルツ、ジェームス（佐藤隆三・嵯峨座晴夫監訳、佐藤優子訳）『エイジングの経済学』勁草書房、一九九八年
白波瀬佐和子『少子高齢化社会のみえない格差―ジェンダー・世代・階層のゆくえ―』東京大学出版会、二〇〇五年
新郷由起『老人たちの裏社会』宝島社、二〇一五年
神野直彦『「分かち合い」の経済学』岩波書店、二〇一〇年
菅山真次『「就社」社会の誕生―ホワイトカラーからブルーカラーへ―』名古屋大学出版会、二〇一一年
杉山裕子・山口けいこ『地方都市とローカリティ―弘前・仕事・近代化―』弘前大学出版会、二〇一六年
清家篤編『高齢者の働き方』ミネルヴァ書房、二〇〇九年
同『金融ジェロントロジー―「健康寿命」と「資産寿命」をいかに伸ばすか―』東洋経済新報社、二〇一七年
セイックラ、ヤーコ・アーンキル、トム・エーリク（高木俊介・岡田愛訳）『オープンダイアローグ』日本評論社、二〇一六年
関川夏央『人間晩年図巻―一九九〇～九四年―』岩波書店、二〇一六年
同『人間晩年図巻―一九九五～九九年―』岩波書店、二〇一六年
瀬口昌久『老年と正義―西洋古代思想にみる老年の哲学―』名古屋大学出版会、二〇一一年
芹澤健介『コンビニ外国人』新潮社、二〇一八年
ゼロゼロ（石原薫訳）『シビックエコノミー―世界に学ぶ小さな経済のつくり方―』フィルムアート社、

二〇一四年
【た行】
田尾雅夫・西村周三・藤田綾子『超高齢社会と向き合う』二〇〇三年
高橋元監修・光多長温『超高齢社会』中央経済社、二〇一二年
多々良紀夫編『高齢者虐待―日本の現状と課題―』中央法規、二〇〇一年
玉井金五・久本憲夫編『少子高齢化と社会政策』法律文化社、二〇〇八年
東京大学高齢社会総合研究機構編『二〇三〇年超高齢社会未来』東洋経済新報社、二〇一〇年
徳田雄人『認知症フレンドリー社会』岩波書店、二〇一八年
富永健一『近代化の理論―近代化における西洋と東洋―』講談社、一九九六年
【な行】
内閣府『高齢社会白書（平成三〇年版）』日経印刷、二〇一八年
中原千明『シニア人材という希望』幻冬舎、二〇一七年
西日本新聞社編『新移民時代―外国人労働者と共に生きる社会へ―』明石書店、二〇一七年
丹羽敏雄『シュタイナーの老年学―老いることの秘密―』涼風書林、二〇一三年
野澤千絵『老いる家　崩れる街―住宅過剰社会の末路―』講談社、二〇一六年
【は行】
橋本健二『新・日本の階級社会』講談社、二〇一八年
バナジー、アビジット・デュフロ、エスター（山形浩生訳）『貧乏人の経済学―もういちど貧困問題を根っ

こから考える―』みすず書房、二〇一二年
早川和男・岡本祥浩・早川潤一編『ケースブック日本の居住貧困―子育て／高齢障がい者／難病患者―』藤原書店、二〇一一年
林信吾・葛岡智恭『大日本「健康」帝国―あなたの身体は誰のものか―』平凡社、二〇〇九年
桧山敦『超高齢社会二・〇―クラウド時代の働き方革命―』平凡社、二〇一七年
平川克美『「移行期的混乱」以後―家族の崩壊と再生―』晶文社、二〇一七年
福島綾子『超高齢社会は高齢者が支える―年齢差別を超えて創造的老いへ―』大阪大学出版会、二〇〇七年
福島智『ぼくの命は言葉とともにある』到知出版社、二〇一五年
藤井聡『クルマを捨ててこそ地方は蘇る』PHP研究所、二〇一七年
藤田綾子『高齢者と適応』ナカニシヤ出版、二〇〇〇年
船井総合研究所REBチーム編『大激変二〇二〇年の住宅・不動産市場』朝日新聞出版、二〇一二年
ホーキング青山『考える障害者』新潮社、二〇一七年
保阪正康『晩年の研究』講談社、一九九八年

【ま行】
松田茂樹『少子化論―なぜまだ結婚、出産しやすい国にならないのか―』勁草書房、二〇一三年
松山美保子『産業ジェロントロジー』日本経営出版会、一九七六年
同『高齢化新時代―Agingへの挑戦―』中央労働災害防止協会、一九八六年
三木義一『日本の納税者』岩波書店、二〇一五年

同『日本の税金〔第三版〕』岩波書店、二〇一八年
見田宗介『現代社会はどこに向かうか―高原の見晴らしを切り開くこと―』岩波書店、二〇一八年
宮島洋『高齢化時代の社会経済学―家族・企業・政府―』岩波書店、一九九二年
村上紀美子『納得の老後―日欧在宅ケア探訪―』岩波書店、二〇一四年
村上智彦『医療にたかるな』新潮社、二〇一三年
村田裕之『シニアシフトの衝撃―超高齢社会をビジネスチャンスに変える方法―』ダイヤモンド社、二〇一二年
盛山和夫『経済成長は不可能か』中央公論新社、二〇一一年
森玲奈編『ラーニングフルエイジングとは何か―超高齢化社会における学びの可能性―』ミネルヴァ書房、二〇一七年

【や行】

八代尚宏『シルバー民主主義―高齢者優遇をどう克服するか―』中央公論新社、二〇一六年
安丸良夫『日本の近代化と民主思想』平凡社、一九九九年
山岸俊男『安心社会から信頼社会へ―日本型システムの行方―』中央公論新社、一九九九年
同『日本の「安心」はなぜ、消えたのか―社会心理学から見た現代日本の問題点―』集英社インターナショナル、二〇〇八年
山田昌弘『少子化社会日本―もうひとつの格差のゆくえ―』岩波書店、二〇一七年
吉川洋・八田達夫編『「エイジノミクス」で日本は蘇る―高齢社会の成長戦略―』ＮＨＫ出版、二〇一七年

米山秀隆『少子高齢化時代の住宅市場』日本経済新聞社、二〇一一年

【ら行】

リンチ、ケイトリン（平野誠一訳）『高齢者が働くということ―従業員の二人に一人が七四歳以上の成長企業が教える可能性―』ダイヤモンド社、二〇一四年

【わ行】

若原正巳『なぜ男は女より早く死ぬのか―生物学からみた不思議な性の世界―』ＳＢクイリエィティブ、二〇一三年

同『ヒトはなぜ病み、老いるのか―寿命の生物学―』新日本出版社、二〇一七年

若林靖永・樋口恵子編『超高齢化社会のコミュニティ構想』岩波書店、二〇一五年

索　引

索　引

［は］

［ま］

［や］

［ら］

【著者紹介】

寺岡　寛（てらおか・ひろし）

1951年神戸市生まれ

中京大学経営学部教授，経済学博士（京都大学）

〈主著〉

『アメリカの中小企業政策』信山社（1990年），『アメリカ中小企業論』信山社（1994年，増補版，1997年），『中小企業論』（共著）八千代出版（1996年），『日本の中小企業政策』有斐閣（1997年），『日本型中小企業』信山社（1998年），『日本経済の歩みとかたち』信山社（1999年），『中小企業政策の日本的構図』有斐閣（2000年），『中小企業と政策構想』信山社（2001年），『日本の政策構想』信山社（2002年），『中小企業の社会学』信山社（2002年），『スモールビジネスの経営学』信山社（2003年），『中小企業政策論』信山社（2003年），『企業と政策』（共著）ミネルヴァ書房（2003年），『アメリカ経済論』（共著）ミネルヴァ書房（2004年），『通史日本経済学』信山社（2004年），『中小企業の政策学』信山社（2005年），『比較経済社会学』信山社（2006年），『起業教育論』信山社（2007年），『スモールビジネスの技術学』信山社（2007年），『逆説の経営学』税務経理協会（2007年），『資本と時間』信山社（2007年），『経営学の逆説』税務経理協会（2008年），『近代日本の自画像』信山社（2009年），『学歴の経済社会学』信山社（2009年），『指導者論』税務経理協会（2010年），『アレンタウン物語』税務経理協会（2010年），『市場経済の多様化と経営学』（共著）ミネルヴァ書房（2010年），『アジアと日本』信山社（2010年），『イノベーションの経済社会学』税務経理協会（2011年），『巨大組織の寿命』信山社（2011年），『タワーの時代』信山社（2011年），『経営学講義』税務経理協会（2012年），『瀬戸内造船業の攻防史』信山社（2012年），『田中角栄の政策構想』信山社（2013年），『恐慌型経済の時代』信山社（2014年），『地域文化経済論』同文舘（2014年），『福島後の日本経済論』同文舘（2015年），『強者論と弱者論』信山社（2015年），『地域経済社会学』同文舘（2016年），『社歌の研究』同文舘（2017年），『文化ストック経済論』信山社（2017年），『中小企業の経営社会学』信山社（2018年），『ソディの貨幣制度改革論』信山社（2018年），『小さな企業の大きな物語』信山社（2019年）

エイジングの経済社会学—もうひとつの成熟社会論—

2019年（令和元年）11月20日　第1版第1刷発行

著　者　寺　岡　　寛
発行者　今　井　　貴
　　　　渡　辺　左　近
発行者　信山社出版株式会社

〒113-0033　東京都文京区本郷 6-2-9-102
電　話　03（3818）1019
ＦＡＸ　03（3818）0344

Printed in Japan

印刷・製本／亜細亜印刷・日進堂製本

ISBN978-4-7972-2793-2　C3333

● 寺岡　寛　好評既刊 ●

『アメリカの中小企業政策』 1990年
『アメリカ中小企業論』 1994年，増補版，1997年
『日本型中小企業—試練と再定義の時代—』 1998年
『日本経済の歩みとかたち—成熟と変革への構図—』 1999年
『中小企業と政策構想—日本の政策論理をめぐって—』 2001年
『日本の政策構想—制度選択の政治経済論—』 2002年
『中小企業の社会学—もうひとつの日本社会論—』 2002年
『スモールビジネスの経営学—もうひとつのマネジメント論—』 2003年
『中小企業政策論—政策・対象・制度—』 2003年
『通史・日本経済学—経済民俗学の試み—』 2004年
『中小企業の政策学—豊かな中小企業象を求めて—』 2005年
『比較経済社会学—フィンランドモデルと日本モデル—』 2006年
『起業教育論—起業教育プログラムの実践—』 2007年
『スモールビジネスの技術学—Engineering & Economics—』 2007年
『資本と時間—資本論を読みなおす—』 2007年
『学歴の経済社会学—それでも，若者は出世をめざすべきか—』 2009年
『近代日本の自画像—作家たちの社会認識—』 2009年
『アジアと日本—検証・近代化の分岐点—』 2010年
『巨大組織の寿命—ローマ帝国の衰亡から学ぶ—』 2011年
『タワーの時代—大阪神戸地域経済史—』 2011年
『瀬戸内造船業の攻防史』 2012年
『田中角栄の政策思想—中小企業と構造改善政策—』 2013年
『恐慌型経済の時代—成熟経済体制への条件—』 2014年
『強者論と弱者論—中小企業学の試み—』 2015年
『文化ストック経済論—フロー文化からの転換—』 2017年
『中小企業の経営社会学—もうひとつの中小企業論—』 2018年
『ソディの貨幣制度改革論—ノーベル賞化学者の経済学批判—』 2018年
『小さな企業の大きな物語—もうひとつのエコシステム論—』 2019年

信　山　社

寺岡 寛 好評既刊

◆**アメリカの中小企業政策** 1990年

◆**アメリカ中小企業論** 1994年 増補版 1997年

◆**日本型中小企業**—試練と再定義の時代—1998年

◆**日本経済の歩みとかたち**—成熟と変革への構図—1999年

◆**中小企業と政策構想**
—日本の政策論理をめぐって—2001年

◆**日本の政策構想**—制度選択の政治経済論—2002年

◆**中小企業の社会学**—もうひとつの日本社会論—2002年

◆**スモールビジネスの経営学**
—もうひとつのマネジメント論—2003年

◆**中小企業政策論**—政策・対象・制度—2003年

◆**通史・日本経済学**—経済民俗学の試み—2004年

◆**中小企業の政策学**—豊かな中小企業像を求めて—2005年

◆**比較経済社会学**
—フィンランドモデルと日本モデル—2006年

◆**起業教育論**—起業教育プログラムの実践—2007年

◆**スモールビジネスの技術学**
—Engineering & Economics—2007年

寺岡 寛 好評既刊

◆**資本と時間**—資本論を読みなおす—2007年

◆**学歴の経済社会学**
—それでも、若者は出世をめざすべきか—2009年

◆**近代日本の自画像**—作家たちの社会認識—2009年

◆**アジアと日本**—検証・近代化の分岐点—2010年

◆**巨大組織の寿命**—ローマ帝国の衰亡から学ぶ—2011年

◆**タワーの時代**—大阪神戸地域経済史—2011年

◆**瀬戸内造船業の攻防史** 2012年

◆**田中角栄の政策思想**—中小企業と構造改善政策—2013年

◆**恐慌型経済の時代**—成熟社会体制への条件—2014年

◆**強者論と弱者論**—中小企業学の試み—2015年

◆**文化ストック経済論**—フロー文化からの転換—2017年

◆**中小企業の経営社会学**
—もうひとつの中小企業論—2018年

◆**ソディの貨幣制度改革論**
—ノーベル賞化学者の経済学批判—2018年

◆**小さな企業の大きな物語**
—もうひとつのエコシステム論—2019年